Klausurtraining

Theodor Fontane
Effi Briest

Von Jörg Ulrich Meyer-Bothling

Ernst Klett Verlag
Stuttgart • Leipzig

Seitenangaben im Text beziehen sich auf folgende Ausgabe:
Theodor Fontane: Effi Briest.
Text mit Materialien.
Ausgewählt von Hanns-Peter Reisner und Rainer Siegle.
Klett Editionen für den Literaturunterricht.
Ernst Klett Verlag, Stuttgart/Leipzig 2003.
ISBN 978-3-12-351811-9

1. Auflage   1 5 4 3 2 1 | 2012 2011 2010 2009 2008

Alle Drucke dieser Auflage sind unverändert und können im Unterricht nebeneinander benutzt werden.
Die letzte Zahl bezeichnet das Jahr dieses Druckes.

Das Werk und seine Teile sind urheberrechtlich geschützt. Jede Nutzung in anderen als den gesetzlich zugelassenen Fällen bedarf der vorherigen schriftlichen Einwilligung des Verlages. Hinweis zu § 52 a UrhG: Weder das Werk noch seine Teile dürfen ohne eine solche Einwilligung eingescannt und in ein Netzwerk eingestellt werden. Dies gilt auch für Intranets von Schulen und sonstigen Bildungseinrichtungen.

Fotomechanische und andere Wiedergabeverfahren nur mit Genehmigung des Verlages.

© Ernst Klett Verlag GmbH, Stuttgart 2008.
Alle Rechte vorbehalten.
Internetadresse: www.klett.de

Redaktion: Sabine Utheß, Berlin

Umschlaggestaltung: one pm Petra Michel, Stuttgart
Layoutkonzeption: Kai Twelbeck, Stuttgart
Herstellung: Dea Hädicke
Satz: a bis z-Publishing, Leipzig
Umschlagfotos: Avenue Images GmbH (RF/Radius Images/Masterfile), Hamburg; Avenue Images GmbH (RF/Masterfile), Hamburg

Reproduktion: Meyle + Müller GmbH + Co. KG, Medien-Management, Pforzheim
Druck: Medienhaus Plump, Rheinbreitbach

Printed in Germany

ISBN 978-3-12-352445-5

Liebe Schülerinnen und Schüler,

Das vorliegende Heft bietet ein Intensivprogramm für alle, die sich schnell, aber gründlich auf eine Klausur zu Theodor Fontanes „Effi Briest" vorbereiten möchten – sei es nun eine Klausur im laufenden Schuljahr oder die Abiturprüfung.
Im Unterschied zu anderen Übungsheften konzentriert sich Klausurtraining „Effi Briest" auf eine der „Pflichtlektüren" des nordrhein-westfälischen Zentralabiturs und trainiert anhand von Fontanes Roman drei mögliche Aufgabentypen, die im Abitur des Landes Nordrhein-Westfalen vorkommen können:

- Analyse eines literarischen Textes mit weiterführendem Schreibauftrag
- Analyse eines Sachtextes mit weiterführendem Schreibauftrag
- Vergleichende Analyse zweier literarischer Texte

Das Heft ist in drei Teile gegliedert:

Teil I: Klausurtraining (S. 4)
Die drei Aufgabentypen werden schrittweise und systematisch anhand einer Musterklausur erarbeitet. Jeder Durchgang durch eine Klausur ist in sich abgeschlossen und kann gesondert durchlaufen werden. Die Erarbeitung der drei Klausuren erfolgt in jeweils sechs Arbeitsschritten, die sich – je nach Aufgabenart – geringfügig unterscheiden. Mögliche Arbeitsergebnisse der einzelnen Arbeitsschritte und ihrer Teilschritte erscheinen im Heft farbig unterlegt – als Hinweis für Sie, wie Ihre Aufzeichnungen und Notizen aussehen könnten.

Teil II: Interpretation (S. 26)
Dieser Teil enthält eine knappe, auf die wesentlichen Aspekte konzentrierte Interpretation des Romans „Effi Briest". Sie ist systematisch nach den Aspekten gegliedert, die für die Erschließung epischer Texte von Bedeutung sind. Hier können Sie Ihre Kenntnisse des Romans auffrischen und sich noch einmal über die Interpretationsergebnisse informieren, die für die Bearbeitung von (Abitur-)Klausuren unentbehrlich sind. Am Ende eines jeden größeren Abschnittes sind die wichtigsten Inhalte zusammengefasst – ideal zum raschen Wiederholen.

Teil III: Zum Umgang mit epischen Texten (S. 43)
Die letzten Seiten sind zum Heraustrennen und Falten gedacht – für das Lernen unterwegs. Hier können Sie einmal die bei Klausuren geforderten Basiskompetenzen sowie die bei der Analyse von Prosatexten nötigen Grundbegriffe der Prosatextanalyse nachschlagen.

Zum Schluss wünsche ich Ihnen gutes Gelingen bei der Arbeit mit diesem Heft sowie bei Ihren Klausuren und in der Abiturprüfung viel Erfolg!

Jörg Ulrich Meyer-Bothling

Klausurtraining

Musterklausur 1

Theodor Fontane: Effi Briest, Kapitel 16 (Auszug)

Mitte Oktober war schon heran, als man, so herausstaffiert, zum ersten Mal in voller Kavalkade aufbrach, in Front Innstetten und Crampas, Effi zwischen ihnen, dann Kruse und Knut und zuletzt Rollo, der aber bald, weil ihm das Nachtrotten missfiel, allen voraus war. Als man das jetzt öde Strandhotel passiert und bald danach, sich rechts haltend, auf dem von einer mäßigen Brandung überschäumten Strandwege den diesseitigen Molendamm erreicht hatte, verspürte man Lust, abzusteigen und einen Spaziergang bis an den Kopf der Mole zu machen. Effi war die Erste aus dem Sattel. Zwischen den beiden Steindämmen floss die Kessine breit und ruhig dem Meere zu, das wie eine sonnenbeschienene Fläche, darauf nur hie und da eine leichte Welle kräuselte, vor ihnen lag.

Effi war noch nie hier draußen gewesen, denn als sie vorigen November in Kessin eintraf, war schon Sturmzeit, und als der Sommer kam, war sie nicht mehr imstande, weite Gänge zu machen. Sie war jetzt entzückt, fand alles groß und herrlich, erging sich in kränkenden Vergleichen zwischen dem Luch und dem Meer und ergriff, sooft die Gelegenheit dazu sich bot, ein Stück angeschwemmtes Holz, um es nach links hin in die See oder nach rechts hin in die Kessine zu werfen. Rollo war immer glücklich, im Dienste seiner Herrin sich nachstürzen zu können; mit einem Male aber wurde seine Aufmerksamkeit nach einer ganz anderen Seite hin abgezogen und sich vorsichtig, ja beinahe ängstlich vorwärts schleichend, sprang er plötzlich auf einen in Front sichtbar werdenden Gegenstand zu, freilich vergeblich, denn im selben Augenblick glitt von einem sonnenbeschienenen und mit grünem Tang überwachsenen Stein eine Robbe glatt und geräuschlos in das nur etwa fünf Schritt entfernte Meer hinunter. Eine kurze Weile noch sah man den Kopf, dann tauchte auch dieser unter.

Alle waren erregt und Crampas fantasierte von Robbenjagd und dass man das nächste Mal die Büchse mitnehmen müsse, „denn die Dinger haben ein festes Fell".

„Geht nicht", sagte Innstetten; „Hafenpolizei."

„Wenn ich so was höre", lachte der Major. „Hafenpolizei! Die drei Behörden, die wir hier haben, werden doch wohl untereinander die Augen zudrücken können. Muss denn alles so furchtbar gesetzlich sein? Alle Gesetzlichkeiten sind langweilig."

Effi klatschte in die Hände.

„Ja, Crampas, Sie kleidet das und Effi, wie Sie sehen, klatscht Ihnen Beifall. Natürlich; die Weiber schreien sofort nach einem Schutzmann, aber von Gesetz wollen sie nichts wissen."

„Das ist so Frauenrecht von alter Zeit her, und wir werden's nicht ändern, Innstetten."

„Nein", lachte dieser, „und ich will es auch nicht. Auf Mohrenwäsche lasse ich mich nicht ein. Aber einer wie Sie, Crampas, der unter der Fahne der Disziplin groß geworden ist und recht gut weiß, dass es ohne Zucht und Ordnung nicht geht, ein Mann wie Sie, der sollte doch eigentlich so was nicht reden, auch nicht einmal im Spaß. Indessen, ich weiß schon, Sie haben einen himmlischen Kehr-mich-nicht-dran und denken, der Himmel wird nicht gleich einstürzen. Nein, gleich nicht. Aber mal kommt es."

Crampas wurde einen Augenblick verlegen, weil er glaubte, das alles sei mit einer gewissen Absicht gesprochen, was aber nicht der Fall war. Innstetten hielt nur einen seiner kleinen moralischen Vorträge, zu denen er überhaupt hinneigte. „Da lob ich mir Gieshübler", sagte er einlenkend, „immer Kavalier und dabei doch Grundsätze."

Der Major hatte sich mittlerweile wieder zurechtgefunden und sagte in seinem alten Ton: „Ja, Gieshübler; der beste Kerl von der Welt und, wenn möglich, noch bessere Grundsätze. Aber am Ende woher? warum? Weil er einen ‚Verdruss' hat. Wer gerade gewachsen ist, ist für Leichtsinn. Überhaupt ohne Leichtsinn ist das ganze Leben keinen Schuss Pulver wert."

„Nun hören Sie, Crampas, geradeso viel kommt mitunter dabei heraus." Und dabei sah er auf des Majors linken, etwas verkürzten Arm.

Effi hatte von diesem Gespräch wenig gehört. Sie war dicht an die Stelle getreten, wo die Robbe gelegen, und Rollo stand neben ihr. Dann sahen beide, von dem Stein weg, auf das Meer und warteten, ob die „Seejungfrau"[1] noch einmal sichtbar werden würde.

50

Aus: Theodor Fontane: *Effi Briest*, Editionen für den Literaturunterricht, Ernst Klett Verlag, Stuttgart/Leipzig 2003, S. 126 ff.

Worterklärung: 1 *Seejungfrau* = Robbe

Aufgabenstellung:

1. Analysieren Sie den Text.
2. Überprüfen Sie anhand Ihrer Untersuchungsergebnisse die These Richard Brinkmanns:

   Im vordergründig ganz gleichgültigen Geplauder realisiert sich oft Entscheidendes von dem, was man überhaupt in einem Roman Fontanes ‚Geschehen' nennen kann. Wenn die Leute sich unterhalten, ereignet sich etwas, häufig mehr, als sie ahnen und wollen.

   Aus: Richard Brinkmann: Theodor Fontane. Über die Verbindlichkeit des Unverbindlichen. München 1967, Seite 129

1. Erstes Überfliegen des Textes – Aufgabenstellung erfassen	

1. Überfliegen Sie den Text.
2. Machen Sie sich klar, an welcher Stelle des Handlungszusammenhangs diese Szene steht und welche Funktion sie dort hat. Prüfen Sie, ob Sie Inhalt und Sinn des Textes im Ganzen richtig verstanden haben.
3. Erfassen Sie die Aufgabenstellung genau. Machen Sie sich den Aufgabentyp klar und überlegen Sie, wie Sie bei der Lösung vorgehen wollen. So könnten Ihre Notizen aussehen:

```
Zu 2.
16. Kapitel in 2. Romanphase → Jahre in Kessin
Funktion: Annäherung Effi – Crampas, Gegensatz Innstetten – Crampas
Inhalt: Robbenmotiv → Effi als Wasserwesen und als „Jagdbeute"
Prinzipienstreit Innstetten – Crampas …
Zu 3.
Aufgabentyp: Analyse eines literarischen Textes mit weiterführendem
Schreibauftrag
Vorgehensweise: Textauszug überfliegen → Verstehenshypothesen zur Deutung
entwickeln → Szene kurz in den Handlungszusammenhang einordnen → Inhalt knapp
zusammenfassen → Text unter verschiedenen Aspekten analysieren, um
Verstehenshypothesen zu überprüfen und um zu gesicherten Deutungsthesen zu
kommen … → These von Brinkmann erläutern und in Bezug auf die Szene überprüfen …
```

 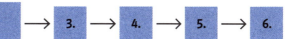

Teilschritt: Verstehenshypothese formulieren

1. Lesen Sie den Text zwei- bis dreimal sorgfältig durch und halten Sie dabei ihre ersten Wahrnehmungen zum Text (z. B. Besonderheiten, Auffälligkeiten) fest.

Theodor Fontane: *Effi Briest*

Sie können zusätzlich auch:
- eine Abschnittgliederung des Textes vornehmen und die Abschnitte mit Überschriften versehen
- Schlüsselwörter im Text unterstreichen/markieren
- Randnotizen machen.

2. Versuchen Sie eine oder mehrere Verstehenshypothesen zum Text zu formulieren.

```
- Die Szene zeigt zum ersten Mal die gegensätzlichen Lebensprinzipien
  Innstettens und Crampas'.
- Der Erzähler deutet auf die ehebrecherische Beziehung zwischen Effi
  und Crampas voraus.
- Mit dem Motiv der Robbe („Seejungfrau") stellt der Erzähler eine Beziehung zu
  Effi als einem Luft- und Wasserwesen her.
- Der Erzähler kommentiert hier in auffälliger Weise Innstettens Hang
  zum Moralisieren und stellt damit den Bezug zum Chinesenspuk („Angstapparat
  aus Kalkül") her.
- Die Szene ist geprägt durch Erzählerbericht, Beschreibung und
  szenische Darstellung.
```

Teilschritt: den Text unter verschiedenen Aspekten analysieren

3. Analysieren Sie den Text im Einzelnen unter Ihnen sinnvoll erscheinenden Erschließungsaspekten. Arbeiten Sie dabei sorgfältig am Text und machen Sie sich Notizen zu ihren Untersuchungsergebnissen.

```
a)   Szene in den Handlungszusammenhang des Romans einordnen
Zeit: Mitte Oktober, ca. 1 Jahr nach Effis Einzug in Kessin
Ort: Strand und Meer …
Figuren: …
Situation: gemeinsame Ausritte von Innstetten und Crampas
Effi nach Geburt Annies wieder fit, langweilt sich, hat Idee zum Mitreiten,
Dienerschaft als Begleitung, erster gemeinsamer Ausritt

b)   Inhalt der Szene mit eigenen Worten knapp zusammenfassen
1. Abschnitt: gemeinsame Ausritte zum Strand
2. Abschnitt: Effi in ihrem Element; Auftauchen der Robbe
3. Abschnitt: Gespräch …
4. Abschnitt: …

c)   das Gespräch zwischen Innstetten und Crampas in seinem Bezug auf
ein Kernproblem des Romans untersuchen
Anlass des Gesprächs: Auftauchen einer Robbe, Crampas' Idee zur Robbenjagd
Innstetten: Verbot → Gesetz(!); „Mohrenwäsche" (?) abgelehnt
(DUDEN: „Mohrenwäsche" = Versuch, einen offensichtlich Schuldigen durch
Scheinbeweise reinzuwaschen); Disziplin; Zucht und Ordnung; Anspielung und
indirekte Vorausdeutung „… Aber mal kommt es."; Gieshübler als Vorbild
Crampas: Jagdfantasien; „Alle Gesetzlichkeiten sind langweilig"; Gesetzlosigkeit
als Frauenrecht; verlegen …; Gieshübler-Vorbild relativiert: Behinderter;
für „Leichtsinn"
Effi: …

d)   Erzählverhalten unter besonderer Berücksichtigung des Erzählerkommentars und
der Vorausdeutung untersuchen
Erzähler: Er-/Sie-Erzähler
Perspektive: überwiegend Außensicht, aber auch Innensicht
```

Erzählverhalten: auktorial (Erzählerbericht, Erzählerkommentar) und
auch personal (Gespräch)
Darbietungsformen: Erzählerbericht, dann szenische Darstellung

e) Figurencharakterisierung untersuchen

z.T. direkte Charakterisierung der Figuren durch den Erzähler,
z.T. indirekte Charakterisierung durch deren Redebeiträge;
direkte Charakterisierung Effis: ist von der landschaftlichen Situation
„entzückt", blüht in der Gesellschaft von Crampas und Innstetten auf; beteiligt
sich kaum am Gespräch der Männer; ist fasziniert von …
indirekte Charakterisierung Effis: …

f) Darstellung des Schauplatzes und der Zeit untersuchen

Zeit: „Mitte Oktober", herbstliche Situation, „Saison" vorbei …
Schauplatz: Strandsituation, deutet auf Gefährdung; Vorausdeutung auf Ehebruch …

g) sprachliche Gestaltung untersuchen

Genaue Situationsbeschreibung: „das jetzt öde Strandhotel", „Strandweg", „Molen-
damm", „Kopf der Mole", „zwischen den beiden Steindämmen", „Kessine", „Meer(e)"…
Effis Stimmung: …
Innstettens Charakter: …
Crampas' Charakter: …

h) textüberschreitende Erschließungsaspekte einbeziehen

Erzählerkommentar: charakteristisch für den Erzählstil Fontanes und zugleich
für das (traditionelle) Erzählen im „Realismus"; Wechsel von auktorialem
Erzählverhalten bei der Beschreibung der Situation zu personalem Erzählverhalten
mit „szenischer Darstellung" und Dialog → charakteristisch für Fontanes Erzählstil …

> **Teilschritt: den Zusatztext erschließen und dessen These überprüfen**

4. Verfahren Sie zum Erschließen des Textes von Richard Brinkmann ebenso wie bei dem Romantext. Machen Sie sich dann Notizen zur Überprüfung der These Brinkmanns.

Gedanke der Feststellung: auch Figurengespräch kann ‚Geschehen' sein
→ Im Figurengespräch deutet der Erzähler dem Leser oft etwas an, was den
Figuren nicht bewusst ist
„contra": Gespräch mehr als „ganz gleichgültiges Geplauder"
„pro" ‚Geschehen': Innstettens und Crampas' Lebensprinzipien deuten auf kommende
Handlung (Ehebruch, Duell, Verstoßung Effis …) hin

1. → 2. → **3. Thesen zur Textdeutung formulieren** → 4. → 5. → 6.

1. Überprüfen Sie nun Ihre Verstehenshypothese(n) anhand Ihrer Untersuchungsergebnisse auf Stimmigkeit. Formulieren Sie dann eine – oder auch mehrere – klare These(n) zur Deutung des Textes.

In dieser Gesprächsszene kontrastiert der Erzähler die unterschiedlichen Prinzipien und Lebenskonzepte Innstettens und Crampas', die Effis späteren Ehebruch
psychologisch motivieren. Zugleich deutet er mit dem Motiv der Robbe …
Das Erzählverhalten in dieser Szene ist typisch für Fontanes Erzählstil und die
Epoche des Realismus, weil …

Theodor Fontane: *Effi Briest*

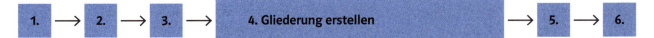

✎ 1. Ordnen Sie Ihre bisherigen Untersuchungsergebnisse, orientiert an der Aufgabenstellung und den Aspekten der Untersuchung, um Ihre leitende Deutungs-Thesen zu stützen.
Gliedern Sie Ihre Ergebnisse, wenn die Aufgabenstellung nicht etwas anderes vorsieht, nach dem bewährten E(inleitung)-H(auptteil)-S(chluss)-Prinzip.

```
Einleitung:
Textstelle präsentieren (Textsorte, Verfasser, Kontext, Thema …)
Hinweise zur Art des Vorgehens geben
Hauptteil:
1. Formulierung der leitenden Deutungs-These(n)
2. Einordnung der Textstelle in den Handlungszusammenhang des Romans
3. Inhaltszusammenfassung/Inhaltsangabe
4. Präsentation der aspektorientierten Analyseergebnisse
5. Weiterführender Schreibauftrag
Schluss:
Ergebnisse zusammenfassen; persönliches Urteil formulieren
```

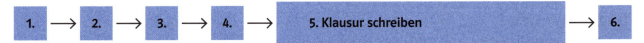

✎ 1. Formulieren Sie Ihre Gedanken wie in der Gliederung festgelegt aus. Bemühen Sie sich um inhaltlich-gedankliche Ergiebigkeit und Schlüssigkeit Ihrer Ausführungen und eine angemessene Art der Darstellung. Bedenken Sie: Die Darstellungsleistung geht in der Regel mit ca. 30 Prozent in die Gesamtbewertung ein.

```
Einleitung:
Bei der vorliegenden Textstelle handelt es sich um einen Ausschnitt aus dem
16. Kapitel von Theodor Fontanes Roman „Effi Briest" aus dem Jahre 1895. Thema
der Gesprächsszene ist die Frage, ob das Leben durch Gesetz, Disziplin, Zucht
und Ordnung oder durch Leichtsinn bestimmt sein sollte.
Im Folgenden will ich …
Hauptteil:
1. In dieser Szene charakterisiert der Erzähler die beiden Figuren Innstetten
und Crampas mit ihren Lebensprinzipien im Kontrast, indem er sie miteinander
streiten lässt. Außerdem deutet der Erzähler durch bestimmte Motive (Robbe,
Robbenjagd, „Seejungfrau") auf den Ehebruch und dessen Folgen voraus …
2. Die Szene spielt im Oktober knapp ein Jahr nach Effis Einzug ins landrätliche
Haus in Kessin. Effi hatte ihre Tochter Annie geboren und ist jetzt wieder
körperlich belastbar und unternehmungslustig …
3. Die Szene beginnt damit, dass dem Leser die Ausgangssituation präsentiert
wird: Mitte Oktober reitet Effi zusammen mit Innstetten und Crampas und zum
ersten Male mit Dienerschaft zum Strand und zum Meer. Effi ist begeistert und
wirft in ihrem Übermut mit Holzscheiten, die Rollo begeistert apportiert.
Diese Situation wird durch das plötzliche Auftauchen einer Robbe unterbrochen,
was bei Crampas Jagdlust weckt, während Innstetten korrekt auf das entsprechende
Verbot hinweist …
4. Das Gespräch wird vor allem durch Innstetten und Crampas bestritten, während
Effi sich nur zu Beginn einschaltet und dann ihre Aufmerksamkeit auf die
Stelle richtet, wo die Robbe abgetaucht war. So „hatte sie von diesem Gespräch
wenig gehört." (Zeile 52)
```

Klausurtraining

Bei dem Gespräch handelt es sich um einen freundschaftlichen Dialog, der aber bald ins Grundsätzliche geht und im Ton etwas schärfer wird. Innstetten dominiert das Gespräch mit einem „seiner kleinen moralischen Vorträg(e)" (Zeilen 41-42) und greift Crampas an („Sie haben einen himmlischen Kehr-mich-nicht-dran und denken, der Himmel wird nicht gleich einstürzen. Nein, gleich nicht. Aber mal kommt es.",(Zeilen 35-37) und hat auch die größeren Redeanteile.

Crampas dagegen wird „verlegen" (Zeile 38), weil er argwöhnt, Innstetten beziehe sich auf seine Absichten Effi gegenüber. Erst später hat er „sich mittlerweile wieder zurechtgefunden" (Zeile 42) und spricht „in seinem alten Ton" (Zeile 42). Er ist es, der das Gespräch durch seine Jagdgelüste auslöst, die ihm beim Abtauchen der Robbe kommen. Über Innstettens Einwand, so etwas sei verboten, macht er sich lustig, spielt auf Behördenkungelei an und bringt dann wie beiläufig seinen provozierenden Grundsatz ins Gespräch: „Alle Gesetzlichkeiten sind langweilig." (Zeile 27)

Das kleine Streitgespräch betrifft ein Kernproblem des Romans, nämlich wie das Verhältnis von Individuum und Gesellschaft zu gestalten sei. Innstetten verkörpert mit „Prinzipien" und „Zucht und Ordnung" leitende gesellschaftliche Werte und Normen der preußischen Oberschicht in der Bismarck-Ära am Ende des 19. Jahrhundert. Er macht damit Karriere, unterdrückt aber auch seine Frau („Angstapparat aus Kalkül"), um sie in das traditionelle Rollenverhalten zu zwingen. Als Innstetten nach sieben Jahren (!) die Liebesbriefe findet, „muss" er Crampas zum Duell fordern. Am Ende ist er trotz Karrieresprung resigniert und hält sein Leben für „verpfuscht".

Crampas …

Effi …

Der Er-/Sie-Erzähler zeigt in diesem Textausschnitt ein sowohl personales als auch auktoriales Erzählverhalten. Personal erzählt er, wenn er seine Figuren miteinander diskutieren lässt und dabei hinter sie zurücktritt, dem Leser/der Leserin die Deutung überlassend. Allerdings präsentiert er das Gespräch nicht rein als Dialog wie in einem szenischen Text (Drama), sondern situiert es deutlich und greift gelegentlich in auffälliger Weise ein. So kommentiert er Innstettens Redebeitrag, der Crampas verlegen macht, direkt: „… was aber nicht der Fall war. Innstetten hielt nur einen seiner kleinen moralischen Vorträge, zu denen er überhaupt hinneigte." (Zeilen 39-40) Außerdem beschreibt er das nicht-verbale kommunikative Verhalten der Figuren, z.B. die Reaktion auf das Erscheinen der Robbe („Alle waren erregt." Zeile 22), Effis Reaktion auf Crampas' Worte („Effi klatschte in die Hände." Zeile 28) oder Crampas' Unsicherheit („Crampas wurde einen Augenblick verlegen …" Zeile 38; „Der Major hatte sich mittlerweile wieder zurechtgefunden …" Zeile 42). Auch kennzeichnet er Sprechakte genauer („lachte der Major", Zeile 25; 'nein', lachte dieser …", Zeile 32; „… sagte in seinem alten Ton", Zeile 42).Solche Bemerkungen lesen sich wie Regieanweisungen, wie sich denn die ganze Szene gut als Spielszene vorstellen lässt.

Weiterhin beschreibt der Erzähler die Rahmensituation des Gesprächs, besonders in den beiden ersten Absätzen. Hier kommentiert er auch durch Rückblick, dass es Effi bei ihrer Ankunft in Kessin wegen der Stürme und im Sommer wegen ihrer Schwangerschaft noch nicht möglich war zu reiten („… denn als sie vorigen November in Kessin eintraf, war schon Sturmzeit, und als der Sommer kam, war sie nicht mehr imstande, weite Gänge zu machen." Zeilen 10-12)

Über solche Erzählerkommentare und Bemerkungen hinaus gibt der Erzähler in seiner „andeutenden" Erzählweise versteckte Hinweise, die sich für den Leser/die Leserin als Vorausdeutungen auf künftige Ereignisse erweisen, den Figuren aber nicht bewusst sind. So verknüpft er das Motiv der Robbe und Robbenjagd mit Effi. Crampas' Wunsch nach Robbenjagd hat die Funktion der Anspielung und Vorausdeutung auf das Erjagen Effis und den Ehebruch, zumal Effi mit ihrer naturhaften Beziehung zum Wasser mit der „Seejungfrau" (Zeile 54) als möglichem Jagdopfer zu parallelisieren ist. Dieser Verweiszusammenhang wird vom Erzähler noch dadurch verstärkt, dass er mit dem Motiv der Robbe das Gespräch einrahmt und deutliche Akzente setzt: „ Alle waren erregt ..." (Zeile 22) „... und warteten, ob die ‚Seejungfrau' noch einmal sichtbar werden würde." (Zeilen 53-54)...

5. Das Zitat stammt aus einer Schrift von Richard Brinkmann aus dem Jahre 1967 mit dem Titel: Theodor Fontane. Über die Verbindlichkeit des Unverbindlichen (München 1967, Seite 129). In dem Zitat behauptet der Verfasser, dass ...
Ich stimme der Auffassung des Verfassers ganz überwiegend zu. Zwar handelt es sich bei dem hier vorliegenden Gespräch nicht um ein „ganz gleichgültige(s) Geplauder", doch ...

Schluss:
Die Untersuchung der Gesprächsszene hat ergeben, dass hier die drei Hauptfiguren des Romans in einer Dreieckskonstellation vorgeführt werden, die für die weiteren Ereignisse bestimmend ist. Der unterschiedliche Charakter Innstettens und Crampas' und deren unterschiedliche Lebensauffassungen kommen in ihren Äußerungen zum Thema „Disziplin", „Zucht und Ordnung" und „Moral" zum Ausdruck. Dadurch wird ein Spannungsfeld erzeugt, in das sich Effi zunehmend hineingestellt sieht.
Der Erzähler erreicht durch die Darstellungsform des Gesprächs und der „szenischen Darstellung" ...
Das Motiv der Robbenjagd ...
Ich persönlich ...

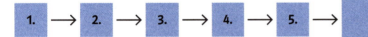

 1. Teilen Sie sich Ihre Zeit so ein, dass Sie Ihre Klausur am Schluss noch einmal gründlich überarbeiten können. Sie können dabei die folgende Checkliste zugrunde legen:

Inhaltlich-gedankliche und methodische Überarbeitung

▶ Entspricht das, was ich geschrieben habe, genau der Aufgabenstellung und ggf. den Teilaufgaben?
▶ Habe ich mir die Operatoren klargemacht und bin ich methodisch entsprechend vorgegangen?
▶ Habe ich die im Unterricht erarbeiteten Methoden, z. B. der Texterschließung oder der Argumentation, angewandt?
▶ Ist meine Klausur klar aufgebaut?
▶ Habe ich eine Einleitung und einen Schluss formuliert?
▶ Ist der Hauptteil bzw. sind die Hauptteile klar gegliedert und haben sie jeweils einen deutlichen Schwerpunkt?
▶ Ist meine Argumentation folgerichtig und schlüssig, oder gibt es logische Brüche und Sprünge?
▶ Habe ich bei meiner Interpretation meine Verstehensthese(n), z. B. durch Aufzeigen der Sinnbezüge und Gestaltungsmittel des Textes, „argumentativ" beglaubigt und erhärtet?
▶ Ist bei einer Texterörterung meine eigene Argumentation zum Thema/Problem schlüssig?
▶ Habe ich meine Argumente begründet und ggf. durch Beispiele und Belege gestützt?
▶ Ist meine Zitierweise korrekt?

- Habe ich meine Aussagen insgesamt aufeinander bezogen? Ist die Darstellung gedanklich zusammenhängend?
- Ist in meiner Klausur ein „roter Faden" zu erkennen?

Sprachliche Überarbeitung

- Habe ich adressatenbezogen und verständlich formuliert? Habe ich dem Leser/ der Leserin Verstehenshilfen gegeben?
- Treffen meine Wörter das, was ich meine? Ist meine Wortwahl präzise?
- Habe ich Fachvokabular/Fachterminologie verwendet?
- Habe ich sachbezogen formuliert?
- Nehmen meine Sätze aufeinander Bezug, sind sie zusammenhängend?
- Habe ich abwechslungsreich formuliert und Wiederholungen vermieden?
- Habe ich Floskeln, Leerformeln u. ä. vermieden?
- Ist mein Satzbau grammatikalisch korrekt? Sind die grammatischen Bezüge eindeutig und korrekt?
- Habe ich die Regeln der Rechtschreibung und Zeichensetzung beachtet?
- Ist mein Aufsatz in einer angemessenen äußeren Form (z. B. Rand, Absätze) und einer leserlichen Schrift abgefasst?
- Habe ich nötige Korrekturen sorgfältig vorgenommen?

Musterklausur 2

Theodor Fontane: Was verstehen wir unter Realismus? (1853; Auszug)

[…] (So) zögern wir nunmehr nicht länger, unsere Ansicht darüber auszusprechen, was wir überhaupt unter Realismus verstehen.

Vor allem verstehen wir *nicht* darunter das nackte Wiedergeben alltäglichen Lebens, am wenigsten seines Elends und seiner Schattenseiten. Traurig genug, dass es nötig ist, derlei sich von
5 selbst verstehende Dinge noch erst versichern zu müssen. Aber es ist noch nicht allzu lange her, dass man (namentlich in der Malerei) *Misere* mit Realismus verwechselte und bei Darstellung eines sterbenden Proletariers, den hungernde Kinder umstehen, oder gar bei Produktionen jener so genannten Tendenzbilder (schlesische Weber, das Jagdrecht u. dgl. m.) sich einbildete, der Kunst eine glänzende Richtung vorgezeichnet zu haben. Diese Richtung verhält sich zum echten
10 Realismus wie das rohe Erz zum Metall: die Läuterung fehlt. Wohl ist das Motto des Realismus der Goethesche Zuruf:

Greif nur hinein ins volle Menschenleben,
Wo du es packst, da ist's interessant,

aber freilich, die Hand, die diesen Griff tut, muss eine künstlerische sein. Das Leben ist doch
15 immer nur der Marmorsteinbruch, der den Stoff zu unendlichen Bildwerken in sich trägt; sie schlummern darin, aber nur dem Auge des Geweihten sichtbar und nur durch seine Hand zu erwecken. Der Block an sich, nur herausgerissen aus einem größern Ganzen, ist noch kein Kunstwerk, und dennoch haben wir die Erkenntnis als einen unbedingten Fortschritt zu begrüßen, dass es zunächst des Stoffes, oder sagen wir lieber des *Wirklichen*, zu allem künst-
20 lerischen Schaffen bedarf. Diese Erkenntnis, sonst nur im einzelnen mehr oder minder lebendig, ist in einem Jahrzehnt zu fast universeller Herrschaft in den Anschauungen und Produktionen unserer Dichter gelangt und bezeichnet einen abermaligen Wendepunkt in unserer Literatur. […]

Wenn wir in Vorstehendem – mit Ausnahme eines einzigen Kernspruchs – uns lediglich
25 negativ verhalten und überwiegend hervorgehoben haben, was der Realismus nicht ist, so geben wir nunmehr unsere Ansicht über das, was er ist, mit kurzen Worten dahin ab: Er ist die Widerspiegelung alles wirklichen Lebens, aller wahren Kräfte und Interessen im Elemente der Kunst; er ist, wenn man uns diese scherzhafte Wendung verzeiht, eine ,*Interessenvertretung*' auf seine Art. […]

30 Der Realismus will nicht die bloße Sinnenwelt und nichts als diese; er will am allerwenigsten das bloß Handgreifliche, aber er will das *Wahre*. […]

Aus: Theodor Fontane: *Unsere lyrische und epische Poesie seit 1848*, Aufsatz von 1853

Aufgabenstellung:

1. Analysieren Sie den Text „Was verstehen wir unter Realismus?" von Theodor Fontane.
2. Beurteilen Sie, ob der Roman „Effi Briest" Fontanes Realismus-Konzept entspricht.

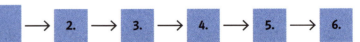

1. Überfliegen Sie den Text „Was verstehen wir unter Realismus?" von Theodor Fontane. Prüfen Sie, ob Sie den Inhalt und die zentrale These des Textes sowie dessen Intention, Funktion und Argumentation im Wesentlichen richtig verstanden haben.
2. Erfassen Sie die Aufgabenstellung genau. Machen Sie sich den Aufgabentyp klar und überlegen Sie, wie Sie bei der Lösung der Aufgaben vorgehen wollen.

Zu 1.
Zentrale These: Realismus = Widerspiegelung des wirklichen Lebens im Element der Kunst; „Läuterung" der Wirklichkeit; R. will „das Wahre" (was ist gemeint?)
Intention und Funktion: programmatische Positionsbestimmung Fontanes; er will seinen Begriff von R. definieren und sein Verständnis argumentativ entfalten, begründen und erläutern, vielleicht auch dafür werben (?) …
Quelle/Kontext: programmatischer Aufsatz von 1853 …
Zu 2.
Aufgabentyp: Analyse eines Sachtextes mit weiterführendem Schreibauftrag; Vorgehensweise:
- einleitend den Sachtext vorstellen → zentrale These(n), leitende Intention und Funktion des Textes benennen → Vorgehen erläutern
- im 1. Aufgabenteil: Inhalt zusammenfassen → den Text unter sinnvollen Aspekten analysieren (Fontanes Realismus-Verständnis – Art der Argumentation und des Sprachstils – weiterer Kontext)
- im 2. Aufgabenteil: Argumente und Belege für Beurteilung des Romans („Effi Briest") als „realistisch" im Sinne Fontanes, dann Problematisierung (?)
- abschließend: Ergebnisse zusammenfassen …

Teilschritt: zentrale These(n) des Textes benennen

1. Lesen Sie den Text zwei- bis dreimal sorgfältig durch und halten Sie dabei ihre ersten Wahrnehmungen zum Text (z. B. Besonderheiten, Auffälligkeiten) fest.
   Sie können zusätzlich auch:
   - eine Abschnittgliederung des Textes vornehmen und die Abschnitte mit Überschriften versehen
   - Schlüsselwörter im Text unterstreichen/markieren und „vernetzen"
   - Randnotizen machen.
2. Versuchen Sie dann die zentralen Aussagen des Textes im Sinne einer oder mehrerer Verstehenshypothesen zu formulieren.

- Fontane definiert „Realismus" zunächst negativ in Abgrenzung von einer Auffassung, die das bloße Wiedergeben der Wirklichkeit schon für Kunst hält.
- Für Fontane gehört zu einer Darstellung im Sinne des Realismus eine „Läuterung", die …
- Er versteht Realismus als Widerspiegelung von Wirklichkeit in künstlerischer Gestaltung …

Teilschritt: den Text unter verschiedenen Aspekten analysieren

3. Analysieren Sie den Text im Einzelnen unter Ihnen sinnvoll erscheinenden Erschließungsaspekten. Arbeiten Sie dabei sorgfältig am Text und machen Sie sich Notizen zu ihren Untersuchungsergebnissen.

   a) <u>Inhalt des Textauszugs mit eigenen Worten knapp zusammenfassen</u>
   - Zunächst negative Bestimmung des Realismus-Begriffs
   - Abgrenzung von einem platten Realismus, einer Art „Naturalismus" der Wirklichkeitswiedergabe

- Notwendigkeit einer „Läuterung" (ist das „Verklärung"?)
- Forderung nach künstlerischer Gestaltung der Wirklichkeit
- Wirklichkeit (nur) als Stoff für das künstlerische Schaffen
- Realismus als „Widerspiegelung alles wirklichen Lebens … im Element der Kunst"

b) Fontanes Auffassung von „Realismus" analysieren
- Realismus als künstlerische Wiedergabe der Wirklichkeit mit „Läuterung"
- Darstellung soll also zugleich realistisch und poetisch-ästhetisch-künstlerisch sein
- Tendenz zur Autonomie des Kunstwerks
- Realismus will „das Wahre", also offenbar eine Überhöhung der Wirklichkeit, eine Stilisierung, Ästhetisierung und „Idealisierung"
- Damit grenzt sich F. vor allem vom Vormärz ab

c) Argumentation und Sprachgebung untersuchen
- Argumentation ist kontrastiv, zentrale These wird negativ durch Abgrenzung von einer Gegenposition (Vormärz) entwickelt
- zentrale, sinntragende Begriffe sind: „Wirklichkeit", „Misere", „Läuterung", „Kunst" bzw. „Kunstwerk", das „Wahre"
- Begriff des „Wahren" ist unklar („Ideal"?)
- Stil programmatisch-argumentativ, eher essayistisch streng wissenschaftlich
- Sprache insgesamt gut verständlich

d) textüberschreitende Erschließungsaspekte einbeziehen
- Text aus programmatischem Aufsatz von 1853, vor den großen realistischen Romanen
- bei Fontane speziell deutsche Auffassung eines „poetischen" Realismus
- Anknüpfung an Idealismus der Klassik (das „Wahre"; Idealisierung der Kunst, vgl. charakteristisches Goethe-Zitat)
- Frontstellung gegen Romantik, Biedermeier und besonders Junges Deutschland und Vormärz, z.B. Heine: Die schlesischen Weber (Gedicht, 1844)

Teilschritt: den Roman „Effi Briest" in Bezug auf Fontanes Realismusverständnis beurteilen

4. Zur Lösung des 2. Aufgabenteils sollten Sie zunächst Gesichtspunkte sammeln, diese stichwortartig festhalten und dann sinnvoll ordnen.

„Wirklichkeit" („realistisch"):
- Thema und Handlung: Ehebruch, Scheidung, Duell; zeitgenössischer „Fall Ardenne"
- Kaiserreich, späte Bismarck-Zeit
- standestypische Vertreter des adligen Milieus
- Schauplätze z.T. authentisch (Berlin)
- erzählte Zeit nachvollziehbar (1877-1889)
- Darbietungsweise …

„Verklärung" („poetisch-künstlerisch"):
- Romanschluss mit Effis versöhntem und verklärtem Sterben
- offene Schuldfrage
- Konzeption der Effi-Figur als Luft- und Wasserwesen
- Motiv-Verweisungstechnik mit Symbolen (…)

„Effi Briest" als Roman des „Spätrealismus" an der Schwelle zur „Moderne"
- Nuancenkunst
- symbolisches Erzählen
- Zurücktreten des Erzählers
- Skepsis und Kritik

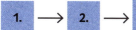 

1. Überprüfen Sie Ihre bisherigen Untersuchungsergebnisse zu den beiden Teilaufgaben. Korrigieren bzw. modifizieren Sie ggf. Ihr Verständnis. Formulieren Sie dann klare Thesen zur Lösung der Aufgabenstellung.

```
- Fontane fordert in seinem Aufsatz einen „künstlerischen", poetischen
  Realismus, der die Wirklichkeit läutert und das „Wahre" zum Ausdruck bringt.
- Damit knüpft Fontane an den Idealismus der Klassik an und distanziert sich
  von „naturalistischen" Tendenzen des Jungen Deutschland und Vormärz.
- Der Roman „Effi Briest" entspricht Fontanes Realismus-Konzept, insofern er
  „realistisch" und „poetisch-ästhetisch" gestaltet ist.
- Mit bestimmten Erzählzügen weist der Roman aber bereits über dieses Konzept
  hinaus und kann als Zeugnis des „Spätrealismus" bzw. der „Frühmoderne" gelten
```

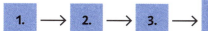 

1. Ordnen Sie Ihre bisherigen Untersuchungsergebnisse, orientiert an der Aufgabenstellung und den Aspekten der Untersuchung, um Ihre leitende Deutungs-These zu stützen.
Gliedern Sie Ihre Ergebnisse, wenn die Aufgabenstellung nicht etwas anderes vorsieht, nach dem bewährten E(inleitung)-H(auptteil)-S(chluss)-Prinzip.

```
Einleitung:
Präsentation des Textes (Textsorte, Verfasser, Titel, Quelle,
Erscheinungsdatum …), Thema
Formulieren der zentralen These des Textes, der leitenden Intention und
Funktion, Hinweise zur Art des Vorgehens
Hauptteil:
Aufgabenteil 1:
1. Inhaltszusammenfassung des Textes
2. Analyse von Fontanes „Realismus"-Verständnis
3. Beschreibung der Argumentationsart und sprachlicher Auffälligkeiten
4. Einordnung in einen weiteren Kontext
Aufgabenteil 2:
5. Beurteilung des Romans „Effi Briest"
Schluss:
Ergebniszusammenfassung; Einschätzung der Position Fontanes; persönliches Urteil
```

 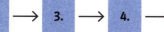

1. Formulieren Sie Ihre Gedanken wie in der Gliederung festgelegt. Bemühen Sie sich um inhaltlich-gedankliche Ergiebigkeit und Schlüssigkeit Ihrer Ausführungen und eine angemessene Art der Darstellung. Bedenken Sie: Die Darstellungsleistung geht in der Regel mit ca. 30 Prozent in die Gesamtbewertung ein.

Theodor Fontane: *Effi Briest*

Einleitung:
Fontane erläutert in dem Textauszug „Was verstehen wir unter Realismus?" aus seinem programmatischen Aufsatz „Unsere lyrische und epische Poesie seit 1848" aus dem Jahre 1853 sein Verständnis von Realismus. Dabei grenzt er, wie ich Fontane verstehe, Realismus zunächst von einer Tendenz ab, die die nackte Wiedergabe der Wirklichkeit bereits für Kunst hält, und definiert Realismus als geläuterte Widerspiegelung der Wirklichkeit in künstlerisch-ästhetischer Gestaltung.
Im Folgenden will ich …

Hauptteil:

Zum Aufgabenteil 1:

1. Fontane beginnt damit, dass er den Realismus, so wie er ihn versteht, von einer „naturalistischen" Darstellungsweise abgrenzt. Diese kennzeichnet er als „das nackte Wiedergeben alltäglichen Lebens … seines Elends und seiner Schattenseiten" (Zeilen 3–4) und als „Misere" (Zeile 6). Fontane zieht als Beispiel zur Verdeutlichung die Malerei heran und beklagt, man habe lange Zeit die Darstellung von Proletarierelend mit Realismus verwechselt. Um sein Verständnis dagegenzustellen, greift Fontane zu einem bildhaften Vergleich: Der Naturalismus der „Misere" verhalte sich zum Realismus wie das rohe Erz zum Metall, es fehle die „Läuterung" (Zeile 10). Unter diesem Begriff versteht Fontane meiner Meinung nach das, was den Realismus zum „poetischen Realismus" macht, also die künstlerische Gestaltung, die Ästhetisierung und „Verklärung". Fontane setzt seine Bestimmung des Realismus fort, indem er …

2. Fontane versteht unter Realismus eine künstlerische, eine poetisch-ästhetische Gestaltung der Wirklichkeit. Zwar ist das künstlerische Schaffen auf die Wirklichkeit in ihrer ganzen Fülle und Breite als „Stoff" angewiesen, aber das entscheidende Kriterium für einen „echten Realismus", wie Fontane ihn fordert, ist die „Läuterung" zum „Wahren", also wohl eine Art Überhöhung, eine „Verklärung", Stilisierung und Idealisierung der Wirklichkeit. Damit fordert Fontane im Grunde die Autonomie des Kunstwerks …

3. Fontanes Art der Argumentation ist kontrastiv, er entwickelt seinen Realismus-Begriff in Abgrenzung von einer Gegenposition, einer Tendenzkunst, wie er sie in sozialkritisch-literarischen und malerischen Zeugnissen besonders des Vormärz (z.B. bei Heine) erblicken zu können glaubte …
„Realismus", „Wirklichkeit", „Läuterung", „Kunst" bzw. „Kunstwerk" und „das Wahre" sind die zentralen Begriffe seiner Argumentation, die ich bei der Analyse unter 2. in ihrer Bedeutung und ihrem Bezug zu erläutern versucht habe … Fontane spitzt seine Definition von Realismus in Kernformulierungen zu wie „Er ist die Widerspiegelung allen wirklichen Lebens, aller wahren Kräfte und Interessen im Elemente der Kunst" (Zeilen 25–26) und „er will das Wahre" (Zeile 30). …
Fontanes Stil ist nicht streng wissenschaftlich, sondern …

4. Fontanes Aufsatz „Unsere lyrische und epische Poesie seit 1848", dem der Textauszug entnommen ist, entstammt einer Zeit, als die großen Romane des „Bürgerlichen Realismus" noch nicht geschrieben sind; „Effi Briest" z.B. erscheint erst ca. 40 Jahre später. Trotzdem markiert Fontanes Aufsatz eine Position, die für das speziell deutsche Realismusverständnis charakteristisch ist (im Gegensatz z.B. zur französischen Auffassung): die Position des Ausgleichs und der Versöhnung von Wirklichkeit und Ideal. Fontane grenzt sich dabei ab von Formen der Tendenzdichtung und -malerei des sozialkritischen Genres, wie er sie z.B. bei Heinrich Heine, einem Vertreter der literarischen Strömung des „Vormärz" bzw. „Jungen Deutschland" („Die schlesischen Weber", Gedicht von 1844) fand. Letzten Endes will Fontane – unter Bezug auf Goethe (vgl. Zeilen 10–13) und die deutsche Klassik – die Eigenständigkeit (Autonomie) der Kunst, auch des Romans, gesichert wissen …

Zum Aufgabenteil 2:

5. Der Roman „Effi Briest" zeigt in hohem Maße Merkmale, die Fontane für den Realismus in Anspruch nimmt: er soll „realistisch" und er soll „künstlerisch-poetisch" sein.

Realistisch ist der Roman schon von seinem Stoff und seinem Thema her. Fontane griff die zeitgenössische „Ardenne-Affäre" auf, weil er an dem Thema Ehebruch und Scheidung die Brüchigkeit der preußischen Adelsgesellschaft gut aufzeigen zu können glaubte …

„Poetisch" wirkt der Roman zunächst vor allem durch die Gestaltung des Schlusses. Effi stirbt mit Innstetten „versöhnt" und in ihrer Rolle als Opfer „verklärt". Noch am Ende der 3. Romanphase hat es den Anschein, als würde Effi sich – in ihrem großen Anklagemonolog gegen die Gesellschaft – sozusagen „emanzipieren", doch fällt sie dann in ein Nervenfieber und wird von ihren Eltern nach Hause geholt („Effi, komm"). Ihr Leiden kann der Leser so verstehen, dass sich Effi in ihr Schicksal ergibt. Was allerdings der Autor Fontane damit deutlich machen will, ist nicht so klar …

Außerdem wird durch die Motive und Symbole …

Mit seinem Roman „Effi Briest" greift Fontane aber auch bereits über das Konzept des „Poetischen Realismus" hinaus und erweist sich als Autor eines „Spätrealismus" an der Schwelle zur „Moderne" …

Schluss:

Die Untersuchung hat gezeigt, dass für Fontane ein realistisches Erzählen, ein Erzählen im Sinne seines Realismusverständnisses, ein „künstlerisches" Erzählen sein muss, das die bloße alltägliche Wirklichkeit zu „läutern" und das „Wahre" zu zeigen hat.

Mit dieser Auffassung gehört Fontane zu den Begründern des Konzeptes eines „poetischen Realismus", der …

Der Roman „Effi Briest" kann einerseits als treffendes Beispiel für dieses erzählerische Konzept gelten, weil … Andererseits geht der Roman aber auch über dieses Konzept hinaus, weil …

Fontanes Realismus-Konzept halte ich für …

Mir persönlich gefällt der Roman …

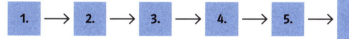

1. Teilen Sie sich Ihre Zeit so ein, dass Sie Ihre Klausur am Schluss noch einmal gründlich überarbeiten können. Sie können dabei die Checkliste zugrunde legen, die in Verbindung mit der 1. Musterklausur dargestellt ist (vgl. S. 10/11).

Musterklausur 3

Elfriede Jelinek: Die Klavierspielerin (Romananfang)

Die Klavierlehrerin Erika Kohut stürzt wie ein Wirbelsturm in die Wohnung, die sie mit ihrer Mutter teilt. Die Mutter nennt Erika gern ihren kleinen Wirbelwind, denn das Kind bewegt sich manchmal extrem geschwind. Es trachtet danach, der Mutter zu entkommen. Erika geht auf das Ende der Dreißig zu. Die Mutter könnte, was ihr Alter betrifft, leicht Erikas Großmutter
5 sein. Nach vielen harten Ehejahren erst kam Erika damals auf die Welt. Sofort gab der Vater den Stab an seine Tochter weiter und trat ab. Erika trat auf, der Vater ab. Heute ist Erika flink durch Not geworden. Einem Schwarm herbstlicher Blätter gleich, schießt sie durch die Wohnungstür und bemüht sich, in ihr Zimmer zu gelangen, ohne gesehen zu werden. Doch da steht schon die Mama groß davor und stellt Erika. Zur Rede und an die Wand, Inquisitor und
10 Erschießungskommando in einer Person, in Staat und Familie einstimmig als Mutter anerkannt. Die Mutter forscht, weshalb Erika erst jetzt, so spät, nach Hause finde? Der letzte Schüler ist bereits vor drei Stunden heimgegangen, von Erika mit Hohn überhäuft. Du glaubst wohl, ich erfahre nicht, wo du gewesen bist, Erika. Ein Kind steht seiner Mutter unaufgefordert Antwort, die ihm jedoch nicht geglaubt wird, weil das Kind gern lügt. Die Mutter wartet noch, aber nur
15 so lange, bis sie eins zwei drei gezählt hat.

   Schon bei zwei meldet sich die Tochter mit einer von der Wahrheit stark abweichenden Antwort. Die notenerfüllte Aktentasche wird ihr nun entrissen, und gleich schaut der Mutter die bittere Antwort auf alle Fragen daraus entgegen. Vier Bände Beethovensonaten teilen sich indigniert[1] den kargen Raum mit einem neuen Kleid, dem man ansieht, dass es eben erst gekauft
20 worden ist. Die Mutter wütet sogleich gegen das Gewand. Im Geschäft, vorhin noch, hat das Kleid, durchbohrt von seinem Haken, so verlockend ausgesehen, bunt und geschmeidig, jetzt liegt es als schlaffer Lappen da und wird von den Blicken der Mutter durchbohrt. Das Kleidergeld war für die Sparkasse bestimmt! Jetzt ist es vorzeitig verbraucht. Man hätte dieses Kleid jederzeit in Gestalt eines Eintrags ins Sparbuch der Bausparkassen der österr. Sparkassen vor
25 Augen haben können, scheute man den Weg zum Wäschekasten nicht, wo das Sparbuch hinter einem Stapel Leintücher hervorlugt. Heute hat es aber einen Ausflug gemacht, eine Abhebung wurde getätigt, das Resultat sieht man jetzt: jedes Mal müsste Erika dieses Kleid anziehen, wenn man wissen will, wo das schöne Geld verblieben ist. Es schreit die Mutter: Du hast dir damit späteren Lohn verscherzt! Später hätten wir eine neue Wohnung gehabt, doch da du nicht war-
30 ten konntest, hast du jetzt nur einen Fetzen, der bald unmodern sein wird. Die Mutter will alles später. Nichts will sie sofort. Doch das Kind will sie immer, und sie will immer wissen, wo man das Kind notfalls erreichen kann, wenn der Mama ein Herzinfarkt droht. Die Mutter will in der Zeit sparen, um später genießen zu können. Und da kauft Erika ausgerechnet ein Kleid! Beinahe noch vergänglicher als ein Tupfer Mayonnaise auf einem Fischbrötchen. Dieses Kleid wird nicht
35 schon nächstes Jahr, sondern bereits nächsten Monat außerhalb jeglicher Mode stehen. Geld kommt nie aus der Mode.

Aus: Elfriede Jelinek: *Die Klavierspielerin*, Rowohlt-Verlag, Reinbek bei Hamburg 1983 (rororo Nr. 5812), Seite 5 f.
Worterklärung: *1 indigniert = peinlich berührt, entrüstet*

Theodor Fontane: Effi Briest (Romananfang)

In Front des schon seit Kurfürst Georg Wilhelm[1] von der Familie von Briest bewohnten Herrenhauses zu Hohen-Cremmen fiel heller Sonnenschein auf die mittagsstille Dorfstraße, während nach der Park- und Gartenseite hin ein rechtwinklig angebauter Seitenflügel einen breiten Schatten erst auf einen weiß und grün quadrierten Fliesengang und dann über diesen hinaus auf ein großes, in seiner Mitte mit einer Sonnenuhr und an seinem Rande mit Canna indica[2] und Rhabarberstauden besetztes Rondell warf. Einige zwanzig Schritte weiter, in Richtung und Lage genau dem Seitenflügel entsprechend, lief eine ganz in kleinblättrigem Efeu stehende, nur an einer Stelle von einer kleinen, weiß gestrichenen Eisentür unterbrochene Kirchhofsmauer, hinter der der Hohen-Cremmener Schindelturm mit seinem blitzenden, weil neuerdings erst wieder vergoldeten Wetterhahn aufragte. Fronthaus, Seitenflügel und Kirchhofsmauer bildeten ein einen kleinen Ziergarten umschließendes Hufeisen, an dessen offener Seite man eines Teiches mit Wassersteg und angekettetem Boot und dicht daneben einer Schaukel gewahr wurde, deren horizontal gelegtes Brett zu Häupten und Füßen an je zwei Stricken hing – die Pfosten der Balkenlage schon etwas schief stehend. Zwischen Teich und Rondell aber und die Schaukel halb versteckend standen ein paar mächtige alte Platanen.

Auch die Front des Herrenhauses – eine mit Aloekübeln und ein paar Gartenstühlen besetzte Rampe – gewährte bei bewölktem Himmel einen angenehmen und zugleich allerlei Zerstreuung bietenden Aufenthalt; an Tagen aber, wo die Sonne niederbrannte, wurde die Gartenseite ganz entschieden bevorzugt, besonders von Frau und Tochter des Hauses, die denn auch heute wieder auf dem im vollen Schatten liegenden Fliesengange saßen, in ihrem Rücken ein paar offene, von wildem Wein umrankte Fenster, neben sich eine vorspringende kleine Treppe, deren vier Steinstufen vom Garten aus in das Hochparterre des Seitenflügels hinaufführten. Beide, Mutter und Tochter, waren fleißig bei der Arbeit, die der Herstellung eines aus Einzelquadraten zusammenzusetzenden Altarteppichs galt; ungezählte Wollsträhnen und Seidendocken lagen auf einem großen, runden Tisch bunt durcheinander, dazwischen, noch vom Lunch her, ein paar Dessertteller und eine mit großen, schönen Stachelbeeren gefüllte Majolikaschale. Rasch und sicher ging die Wollnadel der Damen hin und her, aber während die Mutter kein Auge von der Arbeit ließ, legte die Tochter, die den Rufnamen Effi führte, von Zeit zu Zeit die Nadel nieder und erhob sich, um unter allerlei kunstgerechten Beugungen und Streckungen den ganzen Kursus der Heil- und Zimmergymnastik durchzumachen. Es war ersichtlich, dass sie sich diesen absichtlich ein wenig ins Komische gezogenen Übungen mit ganz besonderer Liebe hingab, und wenn sie dann so dastand und, langsam die Arme hebend, die Handflächen hoch über dem Kopf zusammenlegte, so sah auch wohl die Mama von ihrer Handarbeit auf, aber immer nur flüchtig und verstohlen, weil sie nicht zeigen wollte, wie entzückend sie ihr eigenes Kind finde, zu welcher Regung mütterlichen Stolzes sie voll berechtigt war. Effi trug ein blau und weiß gestreiftes, halb kittelartiges Leinwandkleid, dem erst ein fest zusammengezogener, bronzefarbener Ledergürtel die Taille gab; der Hals war frei und über Schulter und Nacken fiel ein breiter Matrosenkragen. In allem, was sie tat, paarte sich Übermut und Grazie, während ihre lachenden braunen Augen eine große, natürliche Klugheit und viel Lebenslust und Herzensgüte verrieten. Man nannte sie die „Kleine", was sie sich nur gefallen lassen musste, weil die schöne, schlanke Mama noch um eine Handbreit höher war.

Eben hatte sich Effi wieder erhoben, um abwechselnd nach links und rechts ihre turnerischen Drehungen zu machen, als die von ihrer Stickerei gerade wieder aufblickende Mama ihr zurief: „Effi, eigentlich hättest du doch wohl Kunstreiterin werden müssen. Immer am Trapez, immer Tochter der Luft. Ich glaube beinahe, dass du so was möchtest."

„Vielleicht, Mama. Aber wenn es so wäre, wer wäre schuld? Von wem hab ich es? Doch nur von dir. Oder meinst du von Papa? Da musst du nun selber lachen. Und dann, warum steckst du mich in diesen Hänger, in diesen Jungenskittel? Mitunter denk ich, ich komme noch wieder in kurze Kleider. Und wenn ich die erst wieder habe, dann knicks ich auch wieder wie ein Backfisch, und wenn dann die Rathenower[3] herüberkommen, setze ich mich auf Oberst Goetzes Schoß und reite hopp, hopp. Warum auch nicht? Drei Viertel ist er Onkel und nur ein Viertel Courmacher. Du bist schuld. Warum kriege ich keine Staatskleider? Warum machst du keine Dame aus mir?"

„Möchtest du's?"

„Nein." Und dabei lief sie auf die Mama zu und umarmte sie stürmisch und küsste sie.

„Nicht so wild, Effi, nicht so leidenschaftlich. Ich beunruhige mich immer, wenn ich dich so sehe..."

Aus: Theodor Fontane: *Effi Briest*, Editionen für den Literaturunterricht, Ernst Klett Verlag, Stuttgart/Leipzig 2003, Seite 3 ff.

Worterklärungen: 1 (1595-1640); *von 1620 bis 1640 Kurfürst von Brandenburg;* 2 *Indisches Blumenrohr; Staudenpflanze;* 3 *Husarenregiment, in Rathenow im preußischen Regierungsbezirk Potsdam stationiert*

Aufgabenstellung:

1. Analysieren Sie den Anfang des Romans „Die Klavierspielerin" von Elfriede Jelinek.
2. Vergleichen Sie ihn mit dem Anfang des Romans „Effi Briest" von Theodor Fontane.

1. Überfliegen Sie die Texte.
2. Machen Sie sich klar, dass Sie es mit zwei Romananfängen zu tun haben, die eine bestimmte Funktion haben. Prüfen Sie, ob Sie Inhalt und Sinn der Texte im Ganzen richtig verstanden haben.
3. Erfassen Sie die Aufgabenstellung genau. Machen Sie sich den Aufgabentyp klar und überlegen Sie, wie Sie bei der Lösung vorgehen wollen.

```
zu 2.
Zwei Romananfänge …
Funktion: die Leser einführen, Erwartungen wecken, auf kommendes Geschehen
vorausdeuten …
Inhalt:
Jelinek: Klavierlehrerin Erika Kohut, Ende 30, will vor ihrer herrschsüchtigen,
vereinnahmenden Mutter den Kauf eines Kleides verbergen aus Angst … Mutter
stellt sie zur Rede und macht ihr schwere Vorwürfe …
Fontane: Ausgangssituation → Herrenhaus von Briest mit Gartenfront (trügerische
Idylle mit „Schatten"-Seiten); Mutter und Tochter bei Handarbeit, von Effi mit
Gymnastik unterbrochen; Gespräch über Kleidung und Erwachsenwerden …
zu 3.
Aufgabentyp: Vergleichende Analyse zweier literarischer Texte
Vorgehensweise: Romananfang „Klavierspielerin" als unbekannten Basistext unter
zentralen Aspekten erschließen (1.Teilaufgabe) → mit Anfang „Effi Briest" unter
den gewählten Aspekten vergleichen (2.Teilaufgabe)
```

 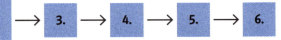

Teilschritt: Hypothesen zur vergleichenden Deutung formulieren

1. Lesen Sie die Texte zwei- bis dreimal sorgfältig durch und halten Sie dabei ihre ersten Wahrnehmungen zum Text (z. B. Besonderheiten, Auffälligkeiten) fest. Sie können zusätzlich auch:
   - eine Abschnittgliederung des Textes vornehmen und die Abschnitte mit Überschriften versehen
   - Schlüsselwörter im Text unterstreichen/markieren
   - Randnotizen machen.
2. Versuchen Sie eine oder mehrere vergleichende Verstehenshypothesen zu den Texten zu formulieren.

   - Die Texte sind Beispiele für den Anfang eines Romans der Gegenwartsliteratur und eines traditionellen Romans des späten Realismus.
   - Das Erzählverhalten ist jeweils auktorial, aber einmal unklar und fließend, einmal traditionell.
   - In beiden Texten geht es um eine Tochter-Mutter-Beziehung, einmal durch Angst und Misstrauen, einmal durch Liebe und Verständnis geprägt.
   - Die Art der sprachlichen Darstellung ist sehr unterschiedlich …

> **Teilschritt: den ersten Text unter verschiedenen Aspekten analysieren**

✏ 3. Analysieren Sie den Anfang des Romans „Die Klavierspielerin" im Einzelnen unter Ihnen sinnvoll erscheinenden Erschließungs- und Vergleichsaspekten. Arbeiten Sie dabei sorgfältig am Text und machen Sie sich Notizen zu ihren Untersuchungsergebnissen.

a) <u>den Inhalt des ersten Romananfangs mit eigenen Worten knapp zusammenfassen</u>
1. Abschnitt: Ausgangssituation → Mutter und Tochter leben in gemeinsamer Wohnung; Eintreffen der Tochter, von Mutter zur Rede gestellt ...
2. Abschnitt: Entdeckung des Kleides, Vorwürfe der Mutter ...

b) <u>das Erzählverhalten untersuchen</u>
- Er-/Sie-Erzähler; überwiegend auktoriales Erzählverhalten: Erzähler kennt Figuren genau und kommentiert und beurteilt sie (Erzähler-Kommentar)
- Übergänge zum personalen Erzählverhalten bei Redewiedergabe, an Perspektive der Figuren (Mutter) gebunden
- Erzählhaltung: distanziert, kritisch, auch ironisch, entlarvend, kalt und mitleidlos, verfremdend
- Darstellungsformen: Bericht im Präsens mit Elementen der Beschreibung; dann zunehmend eine Art „szenische Darstellung" mit Figurenrede (Mutter)
- Raum- und Zeitgestaltung: wenig Ausgestaltung der raum-zeitlichen Situation, wie sonst oft bei Romananfang üblich; Anfang fast wie eine Kurzgeschichte ...
- Rückblende: harte Ehejahre, Geburt Erikas, Abtreten des Vaters ...

c) <u>die Figurengestaltung untersuchen</u>
- Mutter und Tochter im „Psychodrama"
- Verhältnis von Seiten der Tochter bestimmt durch Angst, Unterwerfung, Unreife, Bestätigung der „Kind"-Rolle; von Seiten der Mutter durch Aggression, Unterdrückung, Gewalt, Gier („Inquisitor und Erschießungskommando in einer Person"!)
- Tochter kann sich trotz Alter von Ende 30 Jahren nicht gegenüber Bevormundung der Mutter behaupten, emanzipieren; die wesentlich ältere („könnte ... leicht Erikas Großmutter sein") Mutter hält die Tochter in Abhängigkeit, kontrolliert und unterdrückt sie
- Tochter hat schlechtes Gewissen wegen heimlichen Kleiderkaufs ...
- Mutter ist geizig, spart alles für „später" auf

d) <u>die sprachliche Gestaltung untersuchen</u>
- ironische Montage von sprachlichen Versatzstücken: Reime, Sprichwörter, Redewendungen, Zitate u.a. (z.B. „das Kind bewegt sich manchmal extrem geschwind"; „Ein Kind steht seiner Mutter unaufgefordert Antwort"; „Die Mutter will in der Zeit sparen")
- dadurch Verfremdung und Enthüllung sprachlicher Rituale, zugleich Bloßstellung der Figuren
- Stilmittel: Zeugma und Katachrese (z.B. „... stellt Erika. Zur Rede und an die Wand"; „... hat das Kleid, durchbohrt ... von den Blicken der Mutter durchbohrt"), Inversion (z.B. „Es schreit die Mutter"), Hyperbel (z.B. „stürzt", „schießt", „wütet"), Vergleich (z.B. „wie ein Wirbelwind"; „einem Schwarm herbstlicher Blätter gleich"), Personifikation (z.B. „Heute hat es (= das Sparbuch) aber einen Ausflug gemacht")
- nicht durch Anführungszeichen gekennzeichnete wörtliche Rede (z.B. Du glaubst wohl, ich erfahre nicht, wo du gewesen bist), dadurch Verschwimmen von Erzählerbericht und Figurenrede/szenische Darstellung
- Passiv-Wendungen mit bewusster „Täterverschweigung" (z.B. „eine Abhebung wurde getätigt")
- zusammenfassend: moderne Sprache der Montage mit Verfremdung und Desillusionierung

Theodor Fontane: *Effi Briest*

e) textüberschreitende Erschließungsaspekte einbeziehen
- Romankontext:
Text bringt Einführung in einen Roman, der auf distanzierte und „kalte" Weise eine neurotische Mutter-Tochter-Beziehung beschreibt und seziert; Mutter hat Tochter zu künstlerischen Hochleistungen zwingen und einen Klavierstar aus ihr machen wollen; aus Enttäuschung über Misserfolg hält sie die Tochter nun in Abhängigkeit; Tochter reagiert mit Selbsthass und Selbstverstümmelungsattacken, mit Unterwerfung und Destruktion, mit Voyeurismus und sexueller Perversion; sie scheitert in einer sexuellen Beziehung zu einem ihrer Klavierschüler („Klemmer"), die durch sadomasochistische Züge bestimmt ist.
- Zeitumstände:
Der 1983 erschienene Roman spiegelt exemplarisch, wenn auch verzerrt und übersteigert, die Problematik von Familienbeziehungen unter dem Einfluss gesellschaftlicher Rollenzwänge und psychologischer Fehlstellungen.
- Autor/Autorin:
Roman hat autobiografische Züge, die Erfahrungen der jungen Elfriede Jelinek sind in die Gestaltung der Erika Kohut eingeflossen.
- Literaturgeschichtliche Einordnung:
Thematik und besonders Erzählverhalten und Sprachgebung weisen den Roman als Gegenwartsliteratur aus.
- Deutungen:
Der Roman hat viele unterschiedliche Deutungen erfahren, je nach literaturtheoretischer Betrachtungsweise, z.B. Entlarvung kleinbürgerlicher Lebenslüge; Darstellung von weiblichem Sadomasochismus; Erziehung eines jungen Menschen zu Unmündigkeit, Unreife und Isolation; Sprachliche Zerstörung von „Alltagsmythen"; autobiografischer Roman.
- Beurteilung:
Die psychische Situation und die Erfahrungen der Protagonistin erscheinen den heutigen Lesern zwar extrem und einseitig, doch kennt fast jeder aus eigener Erfahrung, wie stark Eltern-Kind-Beziehungen aus unterschiedlichen Gründen belastet sein können.

Teilschritt: den zweiten Text analysieren und mit dem ersten Text vergleichen

4. Analysieren Sie den Anfang des Romans „Effi Briest" im Einzelnen unter Ihnen sinnvoll erscheinenden Erschließungs- und Vergleichsaspekten. Vergleichen Sie jeweils mit dem Anfang des Romans „Die Klavierspielerin". Machen Sie sich Notizen zu ihren Untersuchungsergebnissen.

f) den Romananfang von „Effi Briest" kurz literaturgeschichtlich einordnen
„Effi Briest", erschienen 1894/95, als Roman des „Poetischen Realismus", genauer: des „Spätrealismus" an der Schwelle zur „Moderne"

g) den Inhalt des Romananfangs knapp zusammenfassen
1. Abschnitt: genaue Beschreibung des von Briest'schen Anwesens mit Front und Gartenseite; dort Sonnenuhr, Rondell, Schaukel, Teich, Platanen, Efeu …
2. Abschnitt: Mutter und Tochter bei der Handarbeit (Altarteppich), unterbrochen durch Effis Gymnastik; mütterlicher Stolz; Effis Aussehen und Wesensart
3. Abschnitt: Gespräch zwischen Mutter und Tochter über Kleidung und Erwachsenwerden

h) das Erzählverhalten vergleichen
- bei Fontane auktoriales Erzählverhalten des Er-/Sie-Erzählers:
  „allwissende"., detaillierte Beschreibung des Anwesens mit allen Requisiten;

Übergang zum personalen Erzählverhalten beim Einsetzen des Gesprächs
  Mutter-Tochter; Erzählhaltung: sorgsam, liebenswürdig, die Leser einladend
- bei Jelinek dagegen distanzierte, entlarvende, kalte, fast „böse"
  Haltung (vgl. b)
- Raum- und Zeitgestaltung: bei Fontane sorgfältige Ausgestaltung der
  raum-zeitlichen Situation; räumliche (vom Ganzen zum Detail) und zeitliche
  „Zoom"- Technik (1. Abschnitt: ohne zeitliche Einordnung – 2. Abschnitt:
  „heute" – 3. Abschnitt: „Eben"); der Schauplatz mit seiner U-Form als
  umfriedeter Bezirk; eine trügerische Idylle mit „Schatten" („einen breiten
  Schatten"), dadurch Vorausdeutung auf kommendes Unheil
- bei Jelinek dagegen kaum Ausgestaltung der räumlich-zeitlichen Situation (vgl. b)
- Vorausdeutungen: Motive haben diese Funktion (z.B. „Sonnenuhr", „Rondell",
  „Teich","Platanen": Versinken (Schloon), Ehebruch, Sterben und Tod, Grabstein;
  „Schaukel": Effi als „Tochter der Luft"; „wilder Wein": Rückruf in die Kindheit
- bei Jelinek weniger reiches Motivnetz mit vorausdeutender Funktion; Kleid als
  Symbol von erstrebter Eigenständigkeit und Attraktivität

i) die Figurengestaltung vergleichen
- bei Fontane vertraulich-intime Mutter-Tochter-Situation, gekennzeichnet durch
  liebevolle Zuwendung, Verständnis, gemeinsames Arbeiten, komische Turnübungen,
  aufmerksames Gespräch, sanfte Zurückweisung von Effis Temperamentsregung
- bei Jelinek Parallele in der Figurenkonstellation; Beziehung aber geprägt
  durch Angst, Vorwürfe …(vgl. b)
- Charakterisierung:
Effi: direkt durch den Erzähler („Übermut und Grazie … große, natürliche
Klugheit und viel Lebenslust und Herzensgüte"); durch die Mutter („Immer am
Trapez, immer Tochter der Luft"), indirekt (Hinweis auf Effis „Wildheit" am
Schluss), vorausdeutend: durch Motive mit Verweisfunktion; Mutter: direkt durch
Erzähler („Regung mütterlichen Stolzes", „die schön schlanke Mama"), indirekt …
- bei Jelinek … (vgl. c)
- Frauenbild:
bei Fontane durch Rollenerwartung, -konvention und -zwang der adligen
gesellschaftlichen Elite bestimmt; Mutter will kurz darauf ihre erst 17-jährige
Tochter mit dem 20 Jahre älteren Innstetten, ihrem ehemaligen Geliebten,
verheiraten; Effi fügt sich der „Ordnung" als brave Tochter, obwohl sie noch
Teenager ist …
bei Jelinek durch kleinbürgerliche Rollenmuster, biografische Enttäuschungs-
erfahrungen und psychische Prägung bestimmt …

j) die sprachliche Gestaltung vergleichen
bei Fontane „realistische", wirklichkeitsgetreue, genau Beschreibungssprache;
außerdem „poetische" Verdichtung und Vertiefung durch andeutende Sprache und ein
Verweisnetz von Motiven und Symbolen (vgl. b)
Sprache charakteristisch für „Poetischen Realismus" bzw. „Spätrealismus",
Ansätze von „Moderne"
bei Jelinek dagegen moderne Montage mit Verfremdung …(vgl. d))

k) textüberschreitende Erschließungsaspekte vergleichen
- Kontext:
bei Fontane Romananfang wichtig („das 1.Kapitel ist immer die Hauptsache und
in dem 1.Kapitel die erste Seite, beinahe die erste Zeile …"); Idylle mit
„Schatten"-Seiten (vgl. oben), nur Auftakt zur Verheiratung Effis mit Zerstörung
ihres Lebensglücks und ihrer Identität …
bei Jelinek Auftakt für weitere Szenen des „Psychodramas" mit Mutter und
mit Liebhaber

Theodor Fontane: *Effi Briest*

- Zeitumstände:
bei Fontane Gesellschaftsroman vom Ende des 19.Jahrhunderts als Spiegel einer adligen Gesellschaft, die in ihren Rollenzwängen und ihren Werten und Normen kritisiert wird als brüchig und unmenschlich …
bei Jelinek …(vgl. e)
- Autor und Werk:
Fontane gestaltet authentischen „Fall Ardenne", den er im Interesse seiner Gesellschaftskritik verändert; Jelinek: autobiografische Züge …
- literaturgeschichtliche Einordnung:
Fontanes Roman als Zeugnis des „Poetischen Realismus", genauer: „Spätrealismus" an der Schwelle zur „Moderne"…
Jelinek … (vgl. e)
- Deutungen:
„Effi Briest" als Gesellschaftsroman, Zeitroman, Eheroman; Vorwurf der allzu unkritischen „Verklärung" bes. bei Sterben und Tod Effis, „Abbiegen" der Möglichkeit ihrer Emanzipation als eigenständiger Frau; Rechtfertigung als kritischer Roman, der die Leser sensibilisiert für die Brüchigkeit der Gesellschaft und ihn evtl. zur Veränderung motiviert; Einsicht in Modernität des Romans (vgl. oben) …
Jelinek dagegen … (vgl. e)
Beurteilung:
Effi als Identifikationsfigur für jugendliche Leser? Im Roman thematisiertes Verhältnis von Individuum und Gesellschaft auch heute aktuell … bei Jelinek dagegen extreme familiäre Situation bzw. Mutter-Tochter-Beziehung, die… (vgl. e)

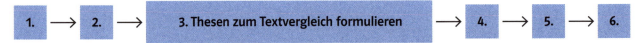

1. Überprüfen Sie nun Ihre Verstehenshypothese(n) anhand Ihrer Untersuchungsergebnisse auf ihre Stimmigkeit. Korrigieren bzw. modifizieren Sie sie ggf. Formulieren Sie dann eine – oder auch mehrere – klare These(n) zur Deutung der Texte.

   - Die beiden Romananfänge weisen zunächst überraschende Parallelen auf, z.B. die Mutter-Tochter-Gesprächssituation, die Diskussion um ein „Kleid", die „Wildheit" der Tochter.
   - Die Unterschiede in der inhaltlichen Ausgestaltung aber zeigen, dass hier ganz verschiedene Erzählabsichten und -konzepte vorliegen.
   - Auch das Erzählverhalten und die sprachliche Gestaltung zeigen große Unterschiede und weisen die Romane verschiedenen literaturgeschichtlichen Epochen, der „Gegenwartsliteratur" und dem „Realismus" („Spätrealismus") zu.

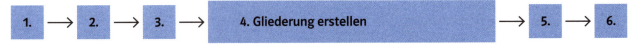

1. Ordnen Sie Ihre bisherigen Untersuchungsergebnisse, orientiert an der Aufgabenstellung und den Aspekten der Untersuchung, um Ihre leitenden Deutungs-Thesen zu stützen. Gliedern Sie Ihre Ergebnisse ebenso wie bei der 1. und 2. Klausur nach dem bewährten E(inleitung)-H(auptteil)-S(chluss)-Prinzip.

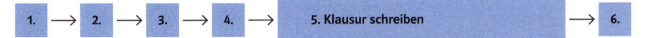

✏️ 1. Formulieren Sie auf der Grundlage der Notizen zum 2. Arbeitsschritt Teilpassagen oder den ganzen Aufsatz aus. Überlegen Sie zuvor, ob Sie Erschließungsaspekte ergänzen oder weglassen und wie Sie sie verknüpfen wollen.

✏️ 1. Teilen Sie sich Ihre Zeit so ein, dass Sie Ihre Klausur am Schluss noch einmal gründlich überarbeiten können. Halten Sie sich dabei an die Checkliste zur 1. Musterklausur (vgl. S.10/11).

Interpretation „Effi Briest"

1 Kurzinformation zum Text

Vorabdruck 1894, Erstveröffentlichung 1895

Der Roman „Effi Briest" von Theodor Fontane erschien 1895 in Buchform im Verlag von Fontanes Sohn Friedrich. Seit Oktober 1894 hatte ihn bereits Julius Rodenberg in seiner Monatsschrift „Deutsche Rundschau" im Vorabdruck veröffentlicht. In knapp einem Jahr hatte es der Roman bereits zu fünf Auflagen gebracht, denen immer weitere folgten. Heute gilt „Effi Briest" vielen Kritikern als bester Roman Fontanes und wird häufig zu den zehn wichtigsten Werken der deutschen Literatur gezählt. Zum „Schulklassiker" ist der Roman „Effi Briest" wohl vor allem auch deshalb geworden, weil er als Beispiel für „traditionelles" Erzählen gilt, ein lebendiges Bild der damaligen Zeit zeichnet und weil er Konflikte zur Sprache bringt, die prinzipiell auch heute noch bedeutsam sind, z. B. die Beziehung von Eltern zu ihrem Kind und das Verhältnis von Liebe und Ehe. Auch stellt der Roman die Frage nach dem Verhältnis von Individuum und Gesellschaft:

Frage nach Verhältnis Individuum – Gesellschaft

- Ist der Einzelne den Werten, Normen und „Spielregeln" der Gesellschaft verpflichtet – oder hat er Anspruch auf Selbstbestimmung (Autonomie) und ein authentisches Leben?
- Woher stammen überhaupt die gesellschaftlichen Normen und Regeln, und wer überwacht deren Gültigkeit?
- (Wie) kann der Einzelne in einem solchen Gesellschaftssystem glücklich werden: dadurch, dass er sich anpasst und sich den Normen unterwirft – oder indem er sich widersetzt?
- Eröffnet das Gesellschaftssystem Zukunftsperspektiven, für die es sich lohnt zu leben und sich einzusetzen – oder bleibt dem Einzelnen nur Resignation oder gar Tod?

Der Roman gibt auf solche Fragen keine eindeutigen Antworten, sondern mutet Ihnen als jugendlichem Leser/jugendlicher Leserin zu, selbst nach Antworten zu suchen. Insofern auch bleibt der Roman aktuell, als unsere Antworten heute anders aussehen mögen, die Grundfrage nach dem Verhältnis von Individuum und Gesellschaft aber gestellt bleibt.

2 Inhalt

Effi
- wird jung verheiratet
- geht außereheliche Beziehung ein
- wird entdeckt
- stirbt unglücklich

Die 17-jährige Effi, Tochter des Ritterschaftsrats von Briest auf Hohen-Cremmen und seiner Frau Luise, geht nach kurzer Bekanntschaft die Ehe mit dem 21 Jahre älteren Baron von Innstetten ein, einem Jugendfreund ihrer Mutter, der als Landrat des Kreises Kessin in Hinterpommern eine gesicherte Stellung hat und beruflichen und gesellschaftlichen Aufstieg verspricht. Die Ehe zwischen der unerfahrenen und noch kindlichen, dabei lebensfrohen und „wilden" Effi und dem prinzipientreuen und korrekten Innstetten ist nicht glücklich; es mangelt an Liebe und Erotik. Auch der gesellschaftliche Umgang im Kreis des Provinznests Kessin bietet kaum Anregung und Abwechslung. Effi vereinsamt zusehends und sehnt sich nach Hohen-Cremmen zurück. Selbst die Geburt einer Tochter, Annie, bringt für Effi keine Wende. So lässt sie sich auf eine Beziehung mit dem verheirateten Bezirkskommandanten Major von Crampas, einem leichtsinnigen „Damenmann", ein, ohne ihn wirklich zu lieben. Als Innstetten ins Ministerium nach Berlin berufen wird, empfindet sie das Ende der Beziehung zu Crampas als Befreiung.

Nach Jahren eines ruhigen, dabei gesellschaftlich anregenden Lebens in Berlin findet Innstetten zufällig Crampas' alte Liebesbriefe an Effi. Er fühlt sich hintergangen und in seiner Ehre verletzt und fordert Crampas zum Duell, in dem dieser fällt. Die Ehe wird geschieden, das Kind Innstetten zugesprochen. Effi bleibt ihr Elternhaus verwehrt. In einer bescheidenen Wohnung in Berlin vereinsamt sie immer mehr. Als ein Wiedersehen mit der inzwischen 10-jährigen Annie zu einer herben Enttäuschung wird, bricht Effi körperlich und psychisch zusammen. Auf Betreiben ihres Vaters darf sie in ihr Elternhaus zurückkehren, wo sie bald darauf mit nur 29 Jahren, versöhnt mit Innstetten, stirbt. Innstetten verzweifelt am Leben und resigniert. Die Schuldfrage bleibt am Ende offen.

> **Auf einen Blick**
> Der Inhalt des Romans lässt sich in vier Phasen gliedern:
> ▶ 1. Phase: Effis Kindheit in Hohen-Cremmen (Kapitel 1 - 5)
> ▶ 2. Phase: Die Jahre in Kessin (Kapitel 6 - 22)
> ▶ 3. Phase: Die Zeit in Berlin (Kapitel 23 - 33)
> ▶ 4. Phase: Effis Rückkehr nach Hohen-Cremmen (Kapitel 34 - 36)

3 Hauptfiguren des Romans

Effi

Der Erzähler präsentiert Effi als **Zentralfigur** (Protagonistin), an der er, mehr noch als an Innstetten, die Entfremdung unter den gesellschaftlichen Verhältnissen des Kaiserreichs und der Bismarck-Ära am Ende des 19. Jahrhunderts aufzeigt. Außerdem gestaltet er Effi deutlich als **Sympathiefigur,** für die er Partei ergreift und Mitleid zeigt („Arme Effi …", Kap. 9, Seite 66; Kap. 36, Seite 292). Dennoch liefert er keine ausführliche Charakteristik seiner Hauptfigur. Er charakterisiert sie **selbst eher selten,** lässt vielmehr **andere Figuren** wie z.B. die Eltern und Innstetten über Effi urteilen und sie charakterisieren und greift gelegentlich zum Mittel der **Selbstcharakterisierung,** besonders in den Briefen und Monologen Effis (Beispiele: Kap. 12, Seite 96ff.; Kap. 24, Seite 218; Kap. 33, Seite 274f.). So entsteht für den Leser ein perspektivisch vielfältiges, facettenreiches Charakterbild Effis. Dabei hat der Erzähler bzw. der Autor eine klare **Figurenkonzeption.** Er stattet die Figur mit bestimmten **unverwechselbaren Anlagen und Grundzügen** aus, besonders in der 1. Romanphase. Außerdem zeigt er Effis **Entwicklung** von einem kindlich-romantischen Mädchen hin zu einer reifen Frau (besonders in der 2. und 3. Romanphase), die am Ende in einem verzweifelt-zornigen Monolog gegen Innstetten und die Gesellschaft aufbegehrt und sich zu emanzipieren scheint. Danach aber bricht der Erzähler diese Ansätze ab und lässt Effi gleichsam in einem Prozess der Regression und „Verklärung" ihren Frieden mit der Gesellschaft und Innstetten machen und „versöhnt" sterben (4. Romanphase).

Effi – Zentralfigur mit unverwechselbaren Anlagen

Entwicklung vom Mädchen zur Frau

In der 1. Romanphase lernt der Leser Effi als 17-jähriges, noch recht kindlich-unreifes Mädchen kennen, das aber bereits bestimmte Anlagen erkennen lässt. Effi liebt die **Bewegung** (Frau von Briest: „Immer am Trapez, immer Tochter der Luft…"; Kap. 1, Seite 4), schaukelt gerne, ist **„wild" und „leidenschaftlich"** (Kap.1, Seite 4). Sie **liebt die „Gefahr" und das Risiko,** nichts ist ihr unerträglicher als „Langeweile". („Was ich nicht aushalten kann, ist Langeweile", Kap. 4, Seite 28). Der Erzähler hebt gleich zu Beginn auch Effis **positive Anlagen** hervor und lenkt die Lesererwartung auf eine glückliche Entwicklung: „In allem, was sie tat, paarten sich Übermut und Grazie, während ihre lachenden braunen Augen eine große, natürliche Klugheit und viel Lebenslust und Herzensgüte verrieten." (Kap.1, Seite 4).

In diese behütete Welt bricht Innstetten unvermittelt mit seinem Heiratsantrag ein. Der Erzähler hält sich mit einem Urteil über dieses Ansinnen zurück, doch soll der Leser sich bewusst machen, dass hier der ehemalige Bewerber um die Mutter mit deren Unterstützung (Kap. 2, Seite 14) nun um deren 21 Jahre jüngere Tochter anhält, die noch ein halbes Kind ist. Effis Reaktion auf diesen Antrag ist geprägt von Unreife, kindlicher Fantasie und selbstverständlicher gesellschaftlicher Normen- und Rollenerfüllung: „Gewiss ist er der Richtige (…) Jeder ist der Richtige. Natürlich muss er von Adel sein und eine Stellung haben und gut aussehen" (Kap. 3, Seite 16).

Die Ehe führt bei Effi bald zum Gefühl von **Einsamkeit, Angst und Enttäuschung** („Hatte sie schon vorher ein Gefühl der Einsamkeit gehabt, so jetzt doppelt"; Kap. 9, Seite 66; „Aber ich bin so allein"; Kap. 9, Seite 69; „Damit ging Innstetten und ließ seine junge Frau allein"; Kap. 8, Seite 56). Auch in der ehelichen Intimität ist Effi enttäuscht („Er hatte so was Fremdes. Und fremd war er auch in seiner Zärtlichkeit. Ja, dann am meisten; es hat Zeiten gegeben, wo ich mich davor fürchtete." Kap. 24, Seite 215). So sehnt sich Effi zurück nach Hohen-Cremmen, was besonders in ihren Briefen zum Ausdruck kommt (Kap.12, Seite 96 f. und Kap.13, Seite 102 f.). Auch die **Geburt der Tochter Annie** bringt in dieser Beziehung keine wesentliche Besserung.

Enttäuschung in der Ehe

Erst die **Affäre mit Crampas** lässt Effi innerlich aufblühen und macht sie **reifer und fraulicher,** weil Crampas Effis Bedürfnis nach „Huldigung, Anregung" (Kap. 13, Seite 100) und „Abwechslung"

Affäre mit Crampas

Theodor Fontane: *Effi Briest*

(Kap. 15, Seite 124) sowie ihre erotischen Wünsche besser ansprechen kann, auch wenn der Erzähler diesen Aspekt nur dezent andeutet.

Die Affäre macht Effi **nicht glücklich.** Im Rückblick ist ihr klar, dass sie **Crampas nicht wirklich geliebt** hat („Und dann hat er den armen Kerl totgeschossen, den ich nicht einmal liebte und den ich vergessen hatte, weil ich ihn nicht liebte"; Kap. 33, Seite 275). So sind es auch nicht so sehr ihre erotischen Eskapaden, die ihr ein „schlechtes Gewissen" und **Schuldgefühle** verursachen, sondern die Angst, dass ihr Ehebruch ans Licht kommt, sowie die unwürdige Heimlichtuerei gegenüber Innstetten. („‚Und habe die Schuld auf meiner Seele', wiederholte sie. ‚Ja, da hab' ich sie. Aber lastet sie auch auf meiner Seele? Nein. Und das ist es, warum ich vor mir selbst erschrecke. Was da lastet, das ist etwas ganz anderes – Angst, Todesangst und die ewige Furcht: Es kommt doch am Ende noch an den Tag.'"; Kap. 24, Seite 218).

Das durch Innstettens Karrieresprung eingeleitete Ende der Affäre empfindet Effi denn auch als **Befreiung:** „Effi sagte kein Wort, und nur ihre Augen wurden immer größer, um ihre Mundwinkel war ein nervöses Zucken, und ihr ganzer zarter Körper zitterte. Mit einem Male aber glitt sie von ihrem Sitz vor Innstetten nieder, umklammerte seine Knie und sagte in einem Ton, wie wenn sie betete: ‚Gott sei Dank!'" (Kap. 21, Seite 180).

Neubeginn in Berlin

Der Neubeginn in Berlin scheint Effi zunächst **Entlastung** und ein Gefühl der **Befreiung** zu bringen: „Sie zitterte vor Erregung und atmete hoch auf. Dann trat sie, vom Balkon her, wieder über die Türschwelle zurück, erhob den Blick und faltete die Hände. ‚Nun, mit Gott, ein neues Leben! Es soll anders werden.'" (Kap. 23, Seite 201). Doch wird sie immer wieder von **Selbstvorwürfen** eingeholt („… so fühlte sie sich immer aufs Neue von den alten Vorstellungen gequält, und es war ihr zu Sinn, als ob ihr ein Schatten nachginge"; Kap. 25, Seite 221). Erst nach einem Zeitsprung von über zwei Jahren **„fiel es allmählich von ihr ab"** („Es war einmal gewesen, aber weit, weit weg, wie auf einem anderen Stern, und alles löste sich wie ein Nebelbild und wurde Traum"; Kap. 25, Seite 222). Der Erzähler macht noch einmal einen großen Zeitsprung und der Leser könnte meinen, nun sei die Angelegenheit ausgestanden und erledigt. Aber gerade jetzt leitet der Erzähler mit dem Auftauchen der Liebesbriefe (Kap. 26, Seite 229) die **tragische Wendung** des Geschehens ein, das zur Scheidung und bei Effi zur gesellschaftlichen Isolierung, zu Verzweiflung, allmählichem Dahinsiechen und schließlich zum Tod führt, bei Innstetten zum Duell und dann zu Resignation und Lebensüberdruss. Am Ende der Berliner Zeit, in der Wohnung in der Königgrätzer Straße, erkennt Effi in ihrem ekstatischen Monolog hellsichtig und leidenschaftlich ihre Situation und deren Ursachen. („Ich hasse euch, auch mein eigen Kind. Was zuviel ist, ist zuviel. Ein Streber war er, weiter nichts. – Ehre, Ehre, Ehre … (…) Mich ekelt, was ich getan; aber was mich noch mehr ekelt, das ist eure Tugend. Weg mit euch. Ich muss leben, aber ewig wird es ja wohl nicht dauern."; Kap. 33, Seite 275). Sie zieht aber keine Konsequenzen in Richtung auf ein selbstbestimmtes, authentisches Leben, das in der damaligen gesellschaftlichen Situation für sie allerdings auch nicht möglich war. Statt dessen überlässt sich Effi einem Prozess der **Regression**, der vom Erzähler mit Stichwörtern wie „Verklärung", „Versöhnung" und sogar „Opfer" angezeigt wird und für den Leser die Frage offen lässt, ob er dieses Ende als „Ästhetisierung" Fontanes im Sinne seines Konzepts eines „Poetischen Realismus" verstehen soll oder als versteckte Anklage gegen die gesellschaftlichen Verhältnisse – oder beides.

Effis Ende – Resignation und Verklärung?

Innstetten

Innstetten als Gegensatzfigur zu Effi

Der Erzähler gestaltet Innstetten im Gegensatz zu Effi als **„Antipathiefigur"** und betreibt eine Leserlenkung, die diesen als den **„Täter"** erscheinen lässt, der letztlich am Untergang der Sympathiefigur Effi schuld ist. Dabei übersieht der Leser leicht, dass Innstetten am Ende des Romans selbst zum **Opfer** seiner „Prinzipien", seines Ehrenkodex' und seiner Anpassung an das gesellschaftliche „Muss" wird. Ähnlich wie Effi wird auch Innstetten aus **unterschiedlichen Perspektiven** dargestellt: Der **Erzähler** hält sich mit seinem Urteil zurück. Er lässt **andere Figuren,** wie z.B. Effi und deren Eltern oder auch Crampas, Innstetten charakterisieren. Er lässt **Innstetten,** vor allem in den beiden Wüllersdorf-Dialogen sowie in seinem Selbstgespräch auf der Rückfahrt vom Duell, sich selbst indirekt charakterisieren.

Am Romanbeginn (1. Romanphase) lässt der Erzähler ausgerechnet **Effi** gegenüber ihren Freundinnen eine Art **Kurzbiografie** Innstettens geben: „Er ist Landrat, gute Figur und sehr männlich" (Kap. 1, Seite 6); ein alter Freund der Mutter „aus ihren Mädchentagen her, (…) eine Liebesgeschichte mit Held und Heldin, und zuletzt mit Entsagung" (Kap. 1, Seite 6); „gerade so alt wie Mama, auf den Tag" (Kap. 1, Seite 8). Seine militärische Ausbildung habe Innstetten „bei den Rathenowern" erhalten; und nachdem er vergeblich um die junge Mama geworben und dem Vater das Feld habe überlassen müssen, habe er „Juristerei" (Kap. 1, Seite 9) studiert. Er habe den deutsch-französischen Krieg (1870/71) mitgemacht und sei Bismarck und sogar dem Kaiser (Wilhelm I) aufgefallen, die „große Stücke" (Seite 9) auf ihn hielten. Und so sei Innstetten Landrat in Kessin geworden, einem „Badeort" in „Pommern" (Seite 9). Mit diesen Hinweisen will Effi vor ihren Freundinnen großtun und ahnt nicht, dass sie ihren künftigen Ehemann vorgestellt hat.

Effis Mutter charakterisiert Innstetten deutlich **positiver,** wohl in Erinnerung an zurückliegende Zeiten und auch, weil sie Effi für ihn gewinnen will: „Er ist freilich älter als du, was alles in allem ein Glück ist, dazu ein Mann von Charakter, von Stellung und guten Sitten, und wenn du nicht nein sagst, was ich von meiner klugen Effi kaum denken kann, so stehst du mit zwanzig Jahren da, wo andere mit vierzig stehen. Du wirst deine Mama weit überholen." (Kap. 2, Seite 14).

Briests Charakterisierung fällt wesentlich zurückhaltender und auch **kritischer** aus: „So nach meinem eigenen Willen schalten und walten zu können, ist mir immer das liebste gewesen, jedenfalls lieber – pardon, Innstetten – als so die Blicke beständig nach oben richten zu müssen. Man hat dann bloß immer Sinn und Merk für hohe und höchste Vorgesetzte." (Kap. 3, Seite 17).

Unterschiedliche Bewertung Innstettens

In Kessin (2. Romanphase) zeigt sich, dass Innstetten **sein privates Glück deutlich seiner Karriere unterordnet.** Er lässt seine junge Frau häufig allein, um sich mit Bismarck, der ganz in der Nähe auf dem Gut Varzin sitzt, zu besprechen und damit seine Karriere zu befördern, was ihm auch gelingt. Für diese Karriere möchte er auch Effi selbst einspannen: „Also nochmals, Effi, wie wird es werden in Kessin? Wirst du populär werden und mir die Majorität sichern, wenn ich in den Reichstag will?" (Kap. 9, Seite 65) Wichtiger als Effis Glück ist ihm, **sich nicht lächerlich zu machen:** „Ich kann hier in der Stadt die Leute nicht sagen lassen, Landrat Innstetten verkauft sein Haus, weil seine Frau den aufgeklebten kleinen Chinesen als Spuk an ihrem Bett gesehen hat. Dann bin ich verloren, Effi. Von solcher Lächerlichkeit kann man sich nicht wieder erholen." (Kap. 10, Seite 77) Schwerer noch wiegt, dass Innstetten in den wenigen Stunden der ehelichen Privatheit und Intimität ein trockener Akten- und Zeitungsleser ist und Effi nicht verführt. Das reicht bis zu **mangelnder Zärtlichkeit im Ehebett** („Ja, Geert, wenn du ein bisschen Sehnsucht gehabt hättest, so hättest du mich nicht sechs Wochen mutterwindallein in Hohen-Cremmen sitzen lassen wie eine Witwe …"; Kap. 15, Seite 120).

Karriere ist wichtiger als Ehefrau

Crampas beurteilt später Effi gegenüber Innstettens Charakter: „… er denkt sich dabei, dass ein Mann wie Landrat Baron Innstetten (…) nicht in einem gewöhnlichen Hause wohnen kann, nicht in einer solchen Kate wie die landrätliche Wohnung (…). Da hilft er denn nach. Ein Spukhaus ist nie was Gewöhnliches (…). Er operiert nämlich immer **erzieherisch,** ist der **geborene Pädagoge** …(…) Er kutschiert oft im Kreise umher, und dann ist das Haus allein und unbewohnt. Aber solch ein Spuk ist wie ein Cherub mit dem Schwert …" (Kap. 16, Seite 131); kurz darauf Effi im Selbstgespräch: „… dass er den Spuk als Erziehungsmittel brauchte, das war doch arg und beinahe beleidigend. (…) Und was Crampas gemeint hatte, war viel, viel mehr, war eine Art **Angstapparat aus Kalkül.** Es fehlte jede Herzensgüte darin und grenzte schon fast an Grausamkeit" (Kap. 17, Seite 132). Selbst wenn der Leser dabei Crampas' Strategie als „Damenmann" in Rechnung stellt, trifft Crampas doch Wesentliches.

Effis intime Beziehung zu Crampas scheint Innstetten nicht zu bemerken, obwohl er **eifersüchtig** ist, fast so, als ob es ihm lieber sei, diese Beziehung nicht wahrhaben zu müssen: „… er fühlte seinen leisen Argwohn sich wieder regen und fester einnisten. Aber er hatte lange genug gelebt, um zu wissen, dass alle Zeichen trügen und dass wir in unserer Eifersucht, trotz ihrer hundert Augen, oft noch mehr in die Irre gehen als in der Blindheit unseres Vertrauens." (Kap. 21, Seite 182)

In Berlin (3. Romanphase) scheint sich Innstettens **Verhältnis zu Effi zu bessern,** wohl auch, weil er seinen Karriereschritt zum Ministerialrat getan hat: „Eigentlich aber galt all seine Zärtlichkeit doch nur Effi, mit der er sich in seinem Gemüt immer beschäftigte, zumeist auch, wenn er mit seiner Frau allein war." (Kap. 24, Seite 213).

Was in Innstetten vor sich geht, unmittelbar nachdem er die Liebesbriefe an Effi gelesen hat, erfährt der Leser nicht, weil der Erzähler lediglich die Reaktion Johannas mitteilt: „Er muss einen großen Ärger gehabt haben. Er war ganz blass. So hab' ich ihn noch nie gesehen." (Kap. 27, Seite 231)

Dass Innstetten die Angelegenheit nicht mit sich alleine ausmacht und für sich behält, sich vielmehr an seinen Kollegen und Freund Wüllersdorf wendet, zeigt, wie sehr er sich in **seiner „Ehre"**

Innstettens Ehrbegriff

Theodor Fontane: *Effi Briest*

verletzt fühlt und wie **hilflos** er ist. Im Gespräch mit Wüllersdorf greift Innstetten das Thema „Verjährung" und „Zeit" auf und muss erkennen, wie sehr er dem gesellschaftlichen „Muss", dem „uns tyrannisierenden Gesellschafts-Etwas" (Kap. 27, Seite 235) und „Ehrenkodex" unterworfen und auf „Ehre", nicht auf „Liebe" gegründet ist.

Wenn er Crampas im Duell erschießt, Effi durch die Scheidung zugrunde richtet, seine Tochter der Mutter entfremdet und sich selbst seines Lebensglückes beraubt, offenbart das fast Züge eines trotzigen, selbstquälerischen Masochismus. Allerdings gelangt Innstetten dann – in seinem einzigen Selbstgespräch – zu einer hellsichtigen **Einsicht in seine tragische Situation:** „So aber war alles einer Vorstellung, einem Begriff zuliebe, war eine gemachte Geschichte, halbe Komödie. Und diese Komödie muss ich nun fortsetzen und muss Effi wegschicken und sie ruinieren und mich mit … Ich musste die Briefe verbrennen, und die Welt durfte nie davon erfahren." (Kap. 29, Seite 243).

Einsicht in gesellschaftliche Verhältnisse

Im zweiten Gespräch mit Wüllersdorf (in der 4. Romanphase) erlebt der Leser/die Leserin einen **verzweifelten, resignierten und fast zynischen** Innstetten, der mit „Hilfskonstruktionen" (Kap. 35, Seite 289) leben zu müssen glaubt: „Mein Leben ist **verpfuscht** …" (Kap. 35, Seite 287); Wüllersdorf: „Einfach hierbleiben und Resignation üben." (Kap. 35, Seite 288); Innstetten, einen Bekannten zitierend: „Es geht überhaupt nicht ohne **Hilfskonstruktionen**." (Kap. 35, Seite 289). Insgesamt erweist sich Innstetten für den Leser als ein **„gemischter", gespaltener Charakter,** der trotz seiner letztendlichen Einsicht in seine zerstörerischen Fehlentscheidungen diese nicht revidieren kann. Damit zeigt sich eine Parallele zu Effi, die aus ihrer Einsicht in die gesellschaftliche Misere (Effis Monolog, Kap. 33, Seite 274 f.) keine Konsequenzen ziehen kann, sondern in Regression flieht und in „Verklärung" und „Versöhnung" stirbt. Die Eheleute Innstetten und Effi werden beide Opfer der gesellschaftlichen Verhältnisse der preußischen Bismarck-Ära.

Crampas

Kontrastfigur zu Innstetten

Der Erzähler konzipiert die Figur des Majors Crampas im **Kontrast** zu Innstetten: Crampas ist Offizier, Innstetten Verwaltungsbeamter, Crampas ist ein „Damenmann", Innstetten kein „Liebhaber", Crampas ist für „Abwechslung" und „Leichtsinn", Innstetten für „Zucht und Ordnung". Der **Erzähler** hält sich auch bei Crampas mit dem eigenen Urteil zurück, lässt Crampas vielmehr durch andere Figuren, vor allem Innstetten, charakterisieren und überlässt so seinem Leser weitgehend die Deutung. Umso auffälliger ist seine eigene knappe, zusammenfassende **Charakterisierung:** „… denn so rücksichtslos er im Punkte chevaleresker Liebesabenteuer war, so sehr war er auch wieder guter Kamerad. Natürlich, alles ganz oberflächlich. Einem Freund helfen und fünf Minuten später ihn betrügen, waren Dinge, die sich mit seinem Ehrbegriff sehr wohl vertrugen." (Kap. 17, Seite 133 f.) Hier erscheint Crampas als recht zwiespältiger Charakter, der nicht ohne oberflächlichen Charme, aber letztlich eine „Spielernatur" ist, die „im Leben hasardiert", wie Innstetten zutreffend bemerkt. Ebenso wie bei Effi („Tochter der Luft") und Innstetten („Mann von Grundsätzen") arbeitet der Erzähler auch im Zusammenhang mit der Crampas-Figur mit dem Mittel der **Andeutung und Vorausdeutung durch Anspielungen, Motive und symbolische Verweise.** Beispiel: „(Crampas:) Es steht mir nämlich fest, dass ich einen richtigen und hoffentlich ehrlichen Soldatentod sterben werde …" (und wenig später zu Innstetten:) „ … um nicht direkt vor Ihren Pistolenlauf zu kommen." (Kap. 15, Seite 123). Effi erwähnt, er habe „ein Duell mit einem Kameraden gehabt." (Kap. 13, Seite 103), – alles Vorausdeutungen auf Crampas' Tod im Duell.

Verführer

Der Erzähler lässt Crampas ausgerechnet durch **Effi** (in der 2. Romanphase) **vorstellen.** Am Schluss eines Briefes an die Mutter erfährt der Leser: Crampas ist der neue „Landwehrbezirkskommandeur" (also für die militärische Bereitschaft der Reservisten zuständig), er „ist verheiratet, zwei Kinder von zehn und acht Jahren, die Frau ein Jahr älter als er, also sagen wir fünfundvierzig." (Kap. 13, Seite 102). Die Frau charakterisiert Effi genauer: „Sie ist immer verstimmt, beinahe melancholisch (…) und das alles aus Eifersucht. Er, Crampas, soll nämlich ein Mann vieler Verhältnisse sein, ein Damenmann." (Kap. 13, Seite 103) Effi könnte also frühzeitig gewarnt sein. Zu Crampas' Charakter bemerkt sie, er könne „ausgelassen und übermütig" sein, sei ein „vollkommener Kavalier, ungewöhnlich gewandt" (Kap. 13, Seite 103).

Der Erzähler lässt Crampas in einer Lebenssituation Effis auftreten, die insgesamt durch deren Angst, Einsamkeit und Langeweile geprägt ist, um das „Dreiecksverhältnis" zu motivieren. Der erste Auftritt von Crampas (Kapitel 15) wird durch ein **erotisches Motiv** bestimmt (Innstetten zu Effi: „Du hast was Verführerisches … ein Don Juan oder Herzensbrecher." (Kap. 15, Seite 121). Effi sitzt „in ihrem Schaukelstuhl". Crampas führt sich ein als **Lebenskünstler:** „Abwechslung ist des Lebens Reiz, eine Wahrheit, die freilich jede glückliche Ehe zu widerlegen scheint." (Kap. 15, Seite 124). Bei Ausritten zu dritt bestätigt und verstärkt Crampas diese Auffassung noch: „Muss denn alles so furchtbar gesetzlich sein? Alle Gesetzlichkeiten sind langweilig. (…) Wer gerade gewachsen ist, ist für Leichtsinn. Überhaupt, ohne **Leichtsinn** ist das ganze Leben keinen Schuss Pulver wert." (Kap. 16, Seite 128)

und Lebenskünstler

Effi fühlt sich durch solche Ansichten angeregt und beunruhigt, während Innstetten mit der Forderung nach „Zucht und Ordnung" (Kap. 16, Seite 127) dagegenhält und Crampas kritisiert: „Sie haben einen himmlischen Kehr-mich-nicht-dran und denken, der Himmel wird nicht gleich einstürzen. Nein, gleich nicht. Aber mal kommt es." (Kap. 16, Seite 127)

Die Ausritte werden ohne Innstetten fortgesetzt und Crampas nutzt die Situation, um sich Effi mehr und mehr zu nähern. Dazu charakterisiert er **Innstetten als „Erzieher"** mit einem „Angstapparat aus Kalkül" (Kap. 16, Seite 131 und Kap. 17, Seite 132); nutzt seine Kenntnis Heinrich Heines für Andeutungen und Anspielungen mit Anzüglichkeiten und Zweideutigkeiten (z.B. **„Kalatrava-Ritter"**, Kap. 17, Seite 138) und inszeniert mit Effi in der Hauptrolle Wicherts Theaterstück **„Ein Schritt vom Wege"** (Kap. 18, Seite 143). Effi fühlt sich erotisch angesprochen und gerät in Konflikt mit ihrer Rolle: „Sie fühlte sich bedrückt (…) seine Huldigungen erfüllten sie mit einem gewissen Bangen (…) sie sah ein, es war nicht alles so, wie's sein sollte." (Kap. 18, Seite 146 f.) Diese zwiespältigen Gefühle werden durch Innstettens Urteil noch verstärkt: „Er ist ein Mann der **Rücksichtslosigkeiten** und hat so seine Ansichten über junge Frauen. Ich kenne ihn von früher." (Kap. 17, Seite 162)

Kennt keine Rücksichten

> **Auf einen Blick**
>
> ▶ **Effi:** Zentral- und Sympathiefigur; temperamentvolle 17-Jährige mit Freude an Bewegung und Risiko; von natürlicher Klugheit, Lebenslust und Herzenswärme; flieht, von der Ehe enttäuscht, in Verhältnis mit Crampas; von Innstetten und ihren Eltern verstoßen, lebt sie in gesellschaftlicher Isolation; stirbt früh (29 Jahre), „versöhnt" und als „Opfer"
> ▶ **Innstetten:** Gegen- und Antipathiefigur; prinzipientreuer, karrierebewusster preußischer Beamter, der sein privates Glück seinem beruflichen und gesellschaftlichen Aufstieg opfert; fügt sich nach Aufdecken des Ehebruchs dem gesellschaftlichen „Muss" mit Duell und Scheidung; lebt dann resigniert mit „Hilfskonstruktionen"
> ▶ **Crampas:** Kontrastfigur zu Innstetten; leichtsinniger Verführertyp und „Damenmann"; begeht mit Effi Ehebruch; wird später von Innstetten im Duell getötet

4 Der Erzähler und sein Erzählverhalten

Der Erzähler im Roman „Effi Briest" verfügt über ein reiches Instrumentarium an erzählerischen Mitteln, um seine Romanwelt zu gestalten. Er ist ein **Er-/Sie-Erzähler,** der nicht von sich, sondern von seinen Figuren erzählt. Er gibt sich zu Beginn des Romans und im weiteren Verlauf immer wieder als **auktorialer** Erzähler, der sich in der erzählten Welt genau auskennt:

Auktorialer Erzähler

Er **beschreibt** z.B. am Romanbeginn das Briest'sche Herrenhaus so genau, dass es dem Leser wie eine Filmkulisse oder ein Bild erscheint.

Er strukturiert die Handlung nach für die Erlebniswelt der Figuren wesentlichen **Haupt-Schauplätzen:** Hohen-Cremmen – Kessin – Berlin – Hohen-Cremmen; außerdem beschreibt er auch zahlreiche Nebenschauplätze und kleinräumige Situationen.

Er strukturiert den Roman, genauer: die erzählte Zeit durch eine Fülle von – absoluten und relativen – **Zeitangaben,** die eine nahezu vollständige Chronologie der Ereignisse ermöglichen (Beispiel: „Ende August war da, der Hochzeitstag (3. Oktober) rückte näher"; Kap. 4, Seite 22). Er kann auch durch **Rückblenden** vergangene Ereignisse nachholen (Beispiel: „Der Polterabend hatte jeden zufrieden gestellt … Auch der Hochzeitstag selbst war gut verlaufen …"; Kap. 5, Seite 31 f.). Diese Technik der raffenden Rückblende dient dem Erzähler auch dazu, Ereignisse zusammenzufassen.

Der Erzähler kann sich dem Leser durch **Kommentare, Bewertungen** und sogar **Ausrufe** bemerkbar machen (Beispiele: „Das alles war auch richtig, aber doch nur halb"; Kap. 3, Seite 19; „Arme Effi"; Kap. 9, Seite 66; Kap. 36, Seite 292 – Ausrufe, mit denen der Erzähler deutlich Partei für seine Protagonistin ergreift; „Arme Effi, du hattest zu den Himmelwundern zu lange hinaufgesehen und darüber nachgedacht …"; Kap. 36, Seite 292).

Der Erzähler kann in seine Figuren hineinsehen und sie – aus der **Innensicht** – darstellen. So beschreibt er immer wieder Effis innere Situation und Gefühlslage (Beispiel: „Sie litt schwer darunter und wollte sich befreien. Aber wiewohl sie starker Empfindungen fähig war, so war sie doch keine starke Natur …"; Kap. 20, Seite 168).

Er kann seine Figuren aber auch so von außen beschreiben **(Außensicht)**, dass der Leser auf die innere Situation schließen kann (Beispiel: „Effi sagte kein Wort, und nur ihre Augen wurden immer größer, um ihre Mundwinkel war ein nervöses Zucken, und ihr ganzer zarter Körper zitterte"; Kap. 21, Seite 180).

Nicht zuletzt ist es das dichte **Motivnetz und symbolische Verweissystem,** mit dem der Erzähler der Handlung Kohärenz und Tiefe gibt.

Wechsel ins personale Erzählen

Im Gegensatz zu einem solchen auktorialen Erzählverhalten lässt Fontane seinen Erzähler oft auch **personal** erzählen. Das geschieht häufig so, dass der Erzähler zu Beginn eines Kapitels oder eines Abschnitts eine bestimmte Situation mit „auktorialem" Erzählverhalten beschreibend mit Angabe von Schauplatz, Zeit, Figurenensemble usw. entfaltet, dann aber seine Figuren gleichsam entlässt und selbständig sprechen und agieren lässt. (Beispiel: „Eine Woche später saßen Mutter und Tochter wieder am alten Fleck, auch wieder mit ihrer Arbeit beschäftigt. Es war ein wunderschöner Tag, der in einem zierlichen Beet um die Sonnenuhr herum stehende Heliotrop blühte noch, und die leise Brise, die ging, trug den Duft davon zu ihnen herüber. ‚Ach, wie wohl ich mich fühle', sagte Effi …"; Kap. 4, Seite 25)

Personal erzählt der Erzähler oft im Zusammenhang mit **szenischer Darstellung** bei der Wiedergabe von **Gesprächen,** die manchmal nur gesellschaftliche Konversation beinhalten, oft aber auch an Schaltstellen den Zusammenhang motivieren (Beispiele: Gespräch Mutter – Tochter, Kapitel 4, Seite 25 f.; Luise – Briest, Kap. 5, Seite 33 f.; Crampas mit Effi über Innstetten, Kap. 16, Seite 129 ff.; Innstetten mit Effi über Crampas, Kap. 18, Seite 144 ff., Innstetten – Wüllersdorf, Kap. 27, Seite 233 ff., und Kap. 35, Seite 286 ff.).

Personales Erzählen liegt auch bei der Präsentation einiger **Monologe** vor, die an zentralen Stellen des Romans über die innere Situation einer Figur Aufschluss geben (Beispiel: Monolog Effis, Kap. 24, Seite 218; Kap. 33, Seite 274; Monolog Innstettens, Kap. 29, Seite 242 f.). Bisweilen tendiert die Redewiedergabe zur **erlebten Rede** und zum **inneren Monolog,** eine Möglichkeit der Figurenrede, die eigentlich erst in moderner Literatur begegnet (Beispiel: „Hatte sie vorher schon ein Gefühl der Einsamkeit gehabt, so jetzt doppelt. Was hätte sie darum gegeben, wenn die beiden Jahnkeschen Rotköpfe jetzt eingetreten wären oder selbst Hulda. Die war freilich immer so sentimental und beschäftigte sich meist nur mit ihren Triumphen …"; Kap. 9, Seite 66 f.).

Zum personalen Erzählen gehören auch die **Briefe,** weil sie die innere Situation der Briefschreiber und Adressaten perspektivisch unterschiedlich beleuchten. (Beispiele: Brief Effis an ihre Mutter, Kap. 12, Seite 96–99; Brief Effis an ihre Mutter, Kap. 13, Seite 102 f.; Brief Effis an Innstetten, Kap. 23, Seite 200; Brief der Mutter an Effi, Kap. 31, Seite 254 f.)

Fontane schafft mit diesem Verhalten des Erzählers eine **vielfältige Perspektivierung,** die das Denken, Fühlen und Handeln der Figuren vieldeutig erscheinen lässt und den Leser zu einem eigenen Urteil herausfordert.

Darbietungsformen/Darstellungsformen

Unterschiedliche Darbietungsformen

Der erzählerische Einsatz der unterschiedlichen Darbietungsformen entspricht dem Erzählverhalten. So bedient sich der Erzähler dann, wenn er **auktorial** erzählt, vorwiegend des **Erzähler-Berichts,** der **Beschreibung** und des **Kommentars,** während er beim **personalen** Erzählen zur **szenischen Darstellung** greift und seine **Figuren** selbst zu Wort kommen lässt – in direkter Rede, z.B. in Gesprächen, in **indirekter Rede,** z.B. beim Referieren von Gesprächsbeiträgen, und gelegentlich auch in **erlebter Rede** mit Tendenz zum **inneren Monolog.**

> **Auf einen Blick**
>
> ▶ Der Roman wird von einem **Er-/Sie-Erzähler** erzählt, der überwiegend ein **auktoriales**, oft aber auch ein **personales** Erzählverhalten zeigt.
> ▶ Der Erzähler erzählt **auktorial**, wenn er z.B. den Roman nach Hauptschauplätzen strukturiert und diese ausführlich beschreibt, wenn er die Handlung zeitlich klar strukturiert und mit Rückblenden und Vorausdeutungen arbeitet, wenn er sich dem Leser durch Kommentare und Ausrufe bemerkbar macht, wenn er seine Figuren direkt charakterisiert und wenn er mit Motiven und Symbolen ein Netz von Verweisungen knüpft.
> ▶ Er erzählt **personal**, wenn er seine Figuren, meist in szenischer Darstellung, in Gesprächen oder in Briefen selbst zu Wort kommen und sie sich dabei charakterisieren lässt; auch greift er gelegentlich zum Mittel des „inneren Monologs" und der „erlebten Rede".
> ▶ So sieht sich der Leser aufgefordert, eine eigene Vorstellung von den Figuren zu entwickeln.

5 Zeitgestaltung

Zeitgerüst des Romans

Trägt man alle Zeitangaben im Roman zusammen und geht (anhand bestimmter Datierungshinweise) von einem Beginn der Handlung im Sommer des Jahres 1877 aus, so ergibt sich folgendes Zeitgerüst:

1. Romanphase: Effis Kindheit in Hohen-Cremmen (Kapitel 1 – 5):
Sommer 1877 bis 3. Oktober 1877 (Hochzeit)

2. Romanphase: Die Jahre in Kessin (Kapitel 6 – 22):
14. November 1877 (Ankunft in Kessin) bis 27. Dezember 1878 (Schlittenpartie nach Uvagla)

3. Romanphase: Die Zeit in Berlin (Kapitel 23 – 33):
28. März 1879 (Einzug Keithstraße) bis 1. Oktober 1885 (Effis Umzug in die Königgrätzer Straße)

4. Romanphase: Effis Rückkehr nach Hohen-Cremmen (Kapitel 34 – 36):
Spätsommer 1888 (Effis Heimkehr nach Hohen-Cremmen) bis Ende September 1889 (Effis Tod)

Erzählzeit und erzählte Zeit

Der Erzähler gestaltet diese erzählte Zeit durch ein unterschiedliches Erzähltempo. Er erzählt **zeitraffend**, z.B. beim Erzähler-Bericht, und springt dabei sogar gelegentlich in der Zeit (Beispiel: „Eine Woche später saßen Mutter und Tochter wieder am alten Fleck, auch wieder mit ihrer Arbeit beschäftigt ..."; Kap. 4, Seite 25). Ein großer **Zeitsprung** findet sich im 25. Kapitel („... als aber eine lange, lange Zeit – sie waren schon im siebenten Jahr in ihrer neuen Stellung – vergangen war ...", Kap. 25, Seite 222). Er erzählt **zeitdeckend**, so z.B. in den zahlreichen Gesprächsszenen mit szenischer Darstellung (Beispiel: „... ‚Warum kriege ich keine Staatskleider? Warum machst du keine Dame aus mir?' – ‚Möchtest du's?' – ‚Nein.' Und damit lief sie auf die Mama zu und umarmte sie stürmisch und küsste sie"; Kap. 1, Seite 5). Er kann gelegentlich auch **zeitdehnend** erzählen, z.B. in den Reflexionsmonologen seiner Figuren (Beispiel: „Und sie stützte den Kopf auf ihre Hand und starrte vor sich hin und schwieg. ‚Und habe die Schuld auf meiner Seele', wiederholte sie. ‚Ja, da hab' ich sie. Aber lastet sie auch auf meiner Seele? ...'"; Kap. 24, Seite 218). **Zeitneutral** erzählt er, wenn er sich kommentierend zu Wort meldet (Beispiel: „Arme Effi, du hattest zu den Himmelwundern zu lange hinaufgesehen und darüber nachgedacht ..."; Kap. 36, Seite 292). Korreliert man Erzählzeit und erzählte Zeit, bekommt man eine Erzählkurve, die das Erzähltempo gut veranschaulicht.

Unterschiedliches Erzähltempo

Rückblenden und Vorausdeutungen

Die Technik der **Rückblende** setzt der Erzähler verhältnismäßig selten ein, z.B. dann, wenn er ein ihm weniger erzählenswertes Ereignis nachholen will (Beispiel: „Die Hohen-Cremmener Festtage lagen zurück; alles war abgereist, auch das junge Paar, noch am Abend des Hochzeitstages. Der Polterabend hatte jeden zufrieden gestellt, besonders die Mitspielenden ...", Kap. 5, Seite 31). Dagegen macht der Erzähler von dem Mittel der **Vorausdeutung** ausgiebig Gebrauch. Dabei fällt auf,

Häufiger Einsatz von Vorausdeutungen

Theodor Fontane: *Effi Briest*

dass er selbst nur selten vorgreift, sondern das häufig seinen Figuren überlässt. Diese deuten dann beispielsweise ihr zukünftiges tragisches Schicksal an, ohne sich dessen bewusst zu sein – ganz im Sinne der „tragischen Ironie", bei der der Leser mehr ahnt und weiß als die handelnden Figuren. (Beispiel: Effi: „So vom Boot aus sollen früher auch arme unglückliche Frauen versenkt worden sein, natürlich wegen Untreue." Kap. 1, Seite 10)

Zeit als Thema

Solche Vorausdeutungen stellen mit ihrer Funktion, auf künftiges Schicksal hinzuweisen, ein erzählerisches Mittel der zeitlichen Vernetzung und Vertiefung der Handlung dar. Hier wird erkennbar, wie sehr dem Autor Fontane an der **Zeit als Thema** gelegen ist. Nicht nur in der Dosierung des Erzähltempos und in den Vorausdeutungen wird die Zeit thematisch, sondern auch dort, wo sie explizit, z.B. als „Zeitlichkeit" oder als „Verjährung" thematisiert wird. (Beispiel: „… und als ein zweites Jahr ins Land gegangen war und die Kaiserin, bei Gelegenheit einer neuen Stiftung, die ‚Frau Geheimrätin' mit ausgewählt und in die Zahl der Ehrendamen eingereiht (…) hatte, da fiel es allmählich von ihr ab. Es war einmal gewesen, aber weit, weit weg, wie auf einem anderen Stern, und alles löste sich wie ein Nebelbild und wurde Traum."; Kap. 25, Seite 221f.)

Auf einen Blick
- Der Roman spielt in der späten Bismarck-Zeit am Ende des 19. Jahrhunderts.
- Das Zeitgerüst des Romans: Sommer 1877 bis Ende September 1889, also 12 Jahre
- Diese „erzählte Zeit" wird durch zeitraffendes (Erzählerbericht), zeitdeckendes (szenische Darstellung), gelegentlich zeitdehnendes (innerer Monolog) Erzählen sowie durch Zeitsprünge unterschiedlich strukturiert.
- Das Mittel der Rückblende wird selten, das der indirekten Vorausdeutung (durch Figuren und Motive) häufig eingesetzt.
- Die Zeit wird selbst zum Thema, z.B. bei der Frage der „Verjährung".

---

6 Schauplatz- und Raumgestaltung

Die Schauplätze und Räume prägen in ihrem Wechsel die **Struktur des Romans** und zugleich den **Lebensweg Effis** mit seinen Entwicklungsphasen: Hohen-Cremmen – Kessin – Berlin und wieder Hohen-Cremmen. Der Erzähler stattet diese Räume mit so vielen anspielungsreichen und verweisenden **Motiven und Symbolen** aus und verknüpft die äußeren Situationen der Protagonisten, besonders Effis, so eng mit deren innerer Situation, dass man hier von **„symbolischen" Räumen** sprechen kann.

Hohen-Cremmen – Ort der Geborgenheit

Hohen-Cremmen ist für Effi der Ort der **Geborgenheit und Behütetheit,** der Ort der **unbeschwerten Kindheit** und des **kindlichen Glücks** sowie der Abgeschlossenheit vor den Gefahren des Lebens. Das macht der Erzähler gleich zu Beginn des Romans durch die Art seiner Beschreibung der Situation des Herrenhauses deutlich: „Seitenflügel und Kirchhofsmauer bildeten ein einen kleinen Ziergarten umschließendes Hufeisen …" (Kap. 1, Seite 3); nicht zufällig herrscht hier „heller Sonnenschein". Hier fühlt sich Effi wohl: „Ach, wie wohl ich mich fühle, … so wohl und glücklich; ich kann mir den Himmel nicht schöner denken. Und am Ende, wer weiß, ob sie im Himmel so wundervollen Heliotrop haben." (Kap. 4, Seite 25). Außerdem ist Hohen-Cremmen der **Ort einer angedeuteten Gefährdung,** was durch zahlreiche Motive – z.B. den „Schatten", das Rondell mit der Sonnenuhr, die Schaukel („Tochter der Luft"), den wilden Wein, die Platanen, den Teich, den Ruf „Effi, komm" – unterstrichen wird, die bereits auf Effis späteres Schicksal hindeuten. Zum Dritten ist Hohen-Cremmen der Ort, zu dem Effi im Verlauf der Romanhandlung getrieben von **Heimweh** oder bei besonderen Ereignissen wie der Geburt ihrer Tochter Annie immer wieder ihre **Zuflucht** nimmt. (Effi: „Nein, nein, ich mag hier nicht sterben, ich will hier nicht begraben sein, ich will nach Hohen-Cremmen." (Kap. 13, Seite 108). Der Aspekt „Heimweh" wird noch durch das Motiv der „Züge" verstärkt („‚Ich sehe so gern Züge'

… Effi war so erregt, dass sie nichts sah und nur dem letzten Wagen, auf dessen Höhe ein Bremser saß, ganz wie benommen nachblickte."; Kap. 11, Seite 85 f.).
Schließlich ist Hohen-Cremmen der Ort von Effis **Heimkehr** („Effi, komm"), der schwindenden Lebenskräfte, eines langsamen **Dahinsterbens** und schließlich ihres **Todes** und ihres Grabes (Rondell, Marmorplatte).

Kessin ist weitgehend im **Kontrast** zu Hohen-Cremmen gestaltet. Es ist ein Ort in einer für Effi fremden, weit entfernten Landschaft, ein Ort der **Kälte, der Enge und der Unsicherheit** (Innstetten: „Hier ist alles unsicher…"; Kap. 6, Seite 41). Durch das Motiv des Chinesen bekommen der Ort und besonders das landrätliche Haus etwas **Spukhaft-Unheimliches**. Später muss Effi – von Crampas – erfahren, dass Innstetten ausgerechnet mit diesem Spuk ihr gegenüber „erzieherisch" wirken will (Crampas: „Er operiert nämlich immer erzieherisch, ist der geborene Pädagoge…"; Kap. 16, Seite 131; „eine Art Angstapparat aus Kalkül …"; Kap. 17, Seite 132). Das landrätliche Haus wirkt auf Effi so fremd, dass sie am liebsten **umziehen** würde: „Ich wollte sagen, ich bleibe hier und auch allein. Aber nicht in diesem Haus. Lass uns die Wohnung wechseln." (Kap. 10, Seite 76). Die Fremdheit des Hauses verweist auch auf die eheliche **Entfremdung.** (Effi: „…er hatte so was Fremdes. Und fremd war er auch in seiner Zärtlichkeit. Ja, dann am meisten; es hat Zeiten gegeben, wo ich mich davor fürchtete."; Kap. 24, Seite 215) Die **Dünenlandschaft** als Schauplatz gemeinsamer Ausritte scheint zwar zunächst im Kontrast zur Enge des Hauses Weite und Freiheit zu bedeuten, wird dann aber zum Ort der **Verfehlung und Untreue** und der heimlichen Treffen mit Crampas („Sei heute Nachmittag wieder in den Dünen, hinter der Mühle. Bei der alten Adermann können wir uns ruhig sprechen, das Haus ist abgelegen genug."; Kap. 27, Seite 232). Seine symbolische Intensivierung und Verdichtung findet das Abgleiten Effis im „Sog" des **„Schloon"**, bei dem sich Angst und Lust, Gezogenwerden und eigenes Wollen durchdringen (Sidonie: „Der Schloon, gnädige Frau … Ja, im Winter, da ist es was anderes, nicht immer, aber doch oft. Da wird es dann ein Sog …"; Kap. 19, Seite 157 f.; der Erzähler über Effi: „Sie fürchtete sich und war doch zugleich wie in einem Zauberbann und wollte auch nicht heraus"; Kap. 19, Seite 160). Kessin wird zuletzt der Schauplatz des **Duells,** das für Crampas tödlich endet.

Kessin – Ort der Enge und Unsicherheit

Berlin mit der neuen, hellen, luftigen Wohnung in der Keithstraße in der Nähe des Tiergartens scheint zum Ort des **Neubeginns,** des **gesellschaftlichen Lebens** und der **Anregung und Abwechslung** zu werden, Ort auch des **Vergessens,** an dem Schuld und Scham allmählich von Effi abfallen („… da fiel es allmählich von ihr ab"; Kap. 25, Seite 222). In **tragisch-ironischem Kontrast** wird die Keithstraße dann der Ort, an dem durch Zufall Crampas' **Liebesbriefe** aufgefunden werden, die Effi in einem Nähkästchen aufbewahrt hatte, was zum Duell und zur Scheidung führt. Den tragischironischen Kontrast verstärkt der Erzähler dadurch, dass er Effi zeitgleich in der Kur in Bad Ems sorgenfreie, glückliche Tage erleben lässt. Berlin ist auch der Schauplatz der **Dialoge zwischen Innstetten und Wüllersdorf,** in denen **Unfreiheit** und Unterjochung unter das „uns tyrannisierende Gesellschafts-Etwas" sowie **Lebensüberdruss und stille Resignation** erkennbar werden. Die Königgrätzer Straße wiederum wird für Effi der Ort ihrer **gesellschaftlichen Isolation,** ihrer **Einsamkeit,** ihrer tiefen Enttäuschung angesichts der Entfremdung von ihrer Tochter und ihres hilflosen **Aufbegehrens** in ihrem eruptiven Monolog (Kap. 33, Seite 275).

Berlin – Ort des Neubeginns

> **Auf einen Blick**
> ▶ Die Schauplätze strukturieren die Handlung, prägen die äußere und innere Situation der Figuren und werden zu „symbolischen Räumen".
> ▶ Hohen-Cremmen ist Ort der unbeschwerten Kindheit Effis sowie der Gefährdung; es ist Zufluchtsort in besonderen Lebenslagen (Geburt Annies) und Ort ihres Sterbens.
> ▶ Kessin ist Ort der Kälte und Unsicherheit, der Angst und Einsamkeit Effis, der ehelichen Enttäuschung und des Ehebruchs, zuletzt des Duells.
> ▶ Berlin ist Ort des Neubeginns (Keithstraße) und des familiären Glücks, aber auch Schauplatz des Auffindens der Liebesbriefe; Berlin wird für Effi zum Ort der gesellschaftlichen Isolation (Königgrätzer Straße), für Innstetten zum Ort der Verzweiflung und Resignation.

Theodor Fontane: *Effi Briest*

7 Motive und Symbole

Dichtes Netz von Motiven und Symbolen

Außer der Zeit- und Raumgestaltung verfügt der Erzähler mit den Motiven und Symbolen über ein weiteres, besonders wichtiges strukturbildendes Element, mit dem er ein dichtes Netz von Verweisungen knüpft. Die Motive lassen sich **zwei Komplexen** zuordnen. Der eine Motivkomplex (Rondell, Sonnenuhr, Heliotrop, Platanen, Teich, wilder Wein, „Effi komm", Schaukel) ist mit **Hohen-Cremmen** verknüpft und bezieht sich auf Effis unbeschwerte Kindheit, aber auch ihre Gefährdung (= 1. Romanphase), außerdem auf Effis Sterben und Tod (= 4. Romanphase). Der andere Motivkomplex (Chinese, Kirchhof, Dünen, Plantage, Immortellen, Schloon) ist mit **Kessin** verknüpft und bezieht sich auf Effis Einsamkeit, Angst, Enttäuschung und Ehebruch (= 2. Romanphase). Die 3. Romanphase (Berlin) weist dagegen kaum Motive mit Symbolfunktion auf. So schafft Fontane durch seinen Erzähler eine Strukturkorrespondenz von Inhalt, Zeit, Raum, Motiven und Symbolen und damit eine komplexe, vielfach vernetzte Gesamtstruktur.

Rondell und Sonnenuhr, Platanen und Teich

Motivkomplex verbindet Anfang und Ende

Dieser Motivkomplex verknüpft Effis unbeschwerte Kindheit, ihre Gefährdung, ihr Abgleiten in den Ehebruch und endlich ihr Sterben und ihren Tod. Das Motiv der **„Sonnenuhr"** ist doppeldeutig. Wie die Sonnenuhr nur die schönen Stunden anzeigt, so verweist das Motiv auf Effis sonnige Kindheit und ihre glückliche Zeit zuhause („In Front des … Herrenhauses zu Hohen-Cremmen fiel heller Sonnenschein"; Kap. 1, Seite 3). Zum anderen ist die Sonnenuhr Symbol des Todes und verweist auf Effis Ende. So ist es auch kein Zufall, dass sie auf eben jenem **Rondell** beerdigt wird, auf dem sonst die Sonnenuhr stand, und das jetzt eine weiße Grabplatte ziert. Im Verlauf des Romans wird diese Motivkette wiederholt aufgenommen bis hin zu Effis Tod: „Auf dem Rondell hatte sich eine kleine Veränderung vollzogen, die Sonnenuhr war fort, und an der Stelle, wo sie gestanden hatte, lag seit gestern eine weiße Marmorplatte, darauf stand nichts als ‚Effi Briest'…" (Kap. 36, Seite 295). Das Motiv des **Teiches** und der **Platanen** steht in diesem Zusammenhang für Ruhe Effis angesichts ihrer Gefährdung, aber auch für „Versinken" in Schuld und Verstrickung sowie Effis Tod.

Wilder Wein und der Ruf „Effi, komm"

Motivkomplex charakterisiert Effi – natürlich und unbefangen

Diese Motive stehen in ihrer Verknüpfung für die **„Wildheit"**, die ungekünstelte, unbefangene **Natürlichkeit** Effis – und auch ihres Vaters: „Innstetten (…) sah vielmehr, wie gebannt, immer aufs neue nach dem drüben am Fenster rankenden wilden Wein hinüber, von dem Briest eben gesprochen, und während er dem nachhing, war es ihm, als säh er wieder die rotblonden Mädchenköpfe zwischen den Weinranken und hörte dabei den übermütigen Zuruf: ‚Effi, komm.' Er glaubte nicht an Zeichen und Ähnliches, im Gegenteil, wies alles Abergläubische weit zurück. Aber er konnte trotzdem von den zwei Worten nicht los, und während Briest immer weiter perorierte, war es ihm beständig, als wäre der kleine Hergang doch mehr als ein bloßer Zufall gewesen" (Kap. 3, Seite 17). Innstetten empfindet den Ruf hier wie einen **Einspruch** gegen sein Ansinnen, die über 20 Jahre jüngere Effi an sich zu binden. Viel später, als Effi schon in der Königgrätzer Straße wohnt, die Enttäuschung mit ihrer Tochter hinter ihr liegt und der alte Doktor Rummschüttel den Eltern einen Brief schreibt, Effi nach Hause zu holen, begegnen alle Motive im Zusammenhang: „… beide (Eltern) saßen auf dem schattigen Steinfliesengang, den Gartensaal im Rücken, das Rondell mit der Sonnenuhr vor sich. Der um die Fenster sich rankende wilde Wein bewegte sich leis in dem Luftzug, der ging, und über dem Wasser standen ein paar Libellen im hellen Sonnenschein. (…) ‚Ich werde ganz einfach telegraphieren: ›Effi, komm‹. Bist du einverstanden?'"(Kap. 34, Seite 277).

Schaukel

Motivkomplex charakterisiert Effi – Lust an Gefahr und Risiko

Das Motiv steht für Effis **Lust am Fliegen**, ähnlich wie der wilde Wein für ihre kindliche Wildheit, darüber hinaus aber auch für Effis **Lust am Reiz der Gefahr und am Risiko**, was später, mit dem „Schloon"-Motiv verknüpft, auf ihr Spiel mit der „Gefahr" Crampas verweist. Im Gespräch mit ihrer Mutter über ihre Zukunft (im 4. Kapitel) sagt Effi: „‚Ich klettere lieber, und ich schaukle mich lieber, und am liebsten immer in der Furcht, dass es irgendwo reißen oder brechen und ich niederstürzen könnte. Den Kopf wird es ja nicht gleich kosten."' (Kap. 4, Seite 30). Der Erzähler bedeutet dem Leser in **tragisch-ironischer Vorausdeutung,** dass es Effi durchaus „den Kopf kosten" wird. Als Effi Wochen nach ihrem Umzug nach Berlin wieder einmal in Hohen-Cremmen weilt, erinnert sie sich an ihre erste Begegnung mit Crampas. An dieser Stelle verknüpft der Erzähler das Schaukel-Motiv in Abwandlung als **Schaukelstuhl-Motivs** mit der **Crampas-Handlung,** wenn er Effi sich an das erinnern lässt, was nun schon zwei Jahre zurückliegt: „Und sie saß im Schaukelstuhl und wiegte sich; und nun trat Crampas an sie heran, um sie zu begrüßen…" (Kap. 24, Seite 217). Am Ende des Romans erlebt Effi vor ihrem Tod noch einmal eine Phase des **Aufblühens** und sogleich greift der Erzähler auch das Motiv der **Schaukel** wieder auf: „Und als sie das so sagte, waren sie bis an die Schaukel gekommen. Sie sprang hinauf mit einer Behändigkeit wie in ihren jüngsten Mädchentagen, und ehe sich noch der Alte, der ihr zusah, von seinem halben Schreck erholen konnte, huckte sie schon zwischen den zwei Stricken nieder und setzte das Schaukelbrett durch ein geschicktes Auf- und Niederschnellen ihres Körpers in Bewegung. Ein paar Sekunden noch, und sie flog durch die Luft, und bloß mit einer Hand sich haltend, riss sie mit der andern ein kleines Seidentuch von Brust und Hals und schwenkte es wie in Glück und Übermut … (Effi:) ‚mir war, als flög ich in den Himmel' …" (Kap. 34, Seite 281) – eine direkte **Vorausdeutung auf Effis Ende.**

Chinese, Kirchhof, Dünen, Plantage, Immortellen und Schloon

Dieser Motivkomplex verweist auf Effis **innere Entwicklung** bis hin zum **Ehebruch.** Das landrätliche „Spukhaus" (Kap.12, Seite 97) mit dem Chinesen macht ihr **Angst.** Effi fühlt sich fremd und spürt die zunehmende **Entfremdung** in der Beziehung zu Innstetten. Ihr Mann erzielt nicht den gewünschten erzieherischen Effekt mit seinem „Angstapparat aus Kalkül", vielmehr führen Effis Enttäuschung, ihre Einsamkeit in Verbindung mit ihrer Lust an der Gefahr und Crampas' Verführungskünsten zum allmählichen Hineingleiten in den Ehebruch. Dabei spart der Erzähler unmittelbare Ehebruchsszenen aus, es genügt ihm das Aufrufen der verweisenden Motive **Kirchhof, Dünen, Plantage, Immortellen,** um dem Leser Effis „Schritt vom Wege" anzudeuten: „Die Spaziergänge nach dem Strand und der Plantage, die sie, während Crampas in Stettin war, aufgegeben hatte, nahm sie nach seiner Rückkehr wieder auf und ließ sich auch durch ungünstige Witterung nicht davon abhalten" (Kap. 21, Seite 172).

Motivkomplex verdeutlicht Entwicklung zum Ehebruch

Auf einen Blick

▸ Der Roman zeigt eine Fülle von Motiven, die vorausdeutende, verweisende, verknüpfende symbolische Funktion haben und ebenso wie die Zeit- und Raumgestaltung ein wichtiges strukturbildendes Element darstellen.

▸ Ein Motivkomplex (Rondell, Sonnenuhr, Heliotrop, Platanen, Teich, wilder Wein, „Effi komm", Schaukel) ist mit Hohen-Cremmen verknüpft und bezieht sich auf Effis Kindheit und Gefährdung (1. Romanphase) sowie auf Sterben und Tod Effis (4. Romanphase).

▸ Ein anderer Motivkomplex (Chinese, Kirchhof, Dünen, Plantage, Schloon) ist mit Kessin verknüpft und bezieht sich auf Effis Einsamkeit und Ehebruch (2. Romanphase).
Die 3. Romanphase weist dagegen kaum Motive mit Symbolfunktion auf.

---

8 Stoff und Thematik

Der „Fall Ardenne"

Fontanes Roman basiert auf einer historischen Ehe- und Scheidungsgeschichte. Das Ehepaar Elisabeth („Else") von Ardenne, geb. von Plotho, und Armand von Ardenne hatten 1873 geheiratet und waren zunächst nach Berlin, acht Jahre später dann nach Düsseldorf gezogen. Dort geht Else eine Beziehung mit dem 10 Jahre älteren Amtsrichter Hartwich ein. Als Armand von Ardenne ins Kriegsministerium nach Berlin versetzt wird, bleibt Else in Düsseldorf und setzt die Beziehung fort. Das Paar trägt sich mit Scheidungsabsichten und dem Plan zu einer neuen Ehe. Als Ardenne von diesen Absichten aus Briefen in einer Kassette erfährt, die er aufgebrochen hatte, reicht er die

Historisches Vorbild der „Effi"

Scheidung ein und fordert Hartwich zum Duell. Dabei wird Hartwich so schwer verletzt, dass er kurz darauf stirbt. Die Ehe der Ardennes wird geschieden, das Sorgerecht für die Kinder erhält der Vater, der wegen des Duells mit „ehrenhafter" Festungshaft bestraft und bald begnadigt wird. Ardenne macht später eine militärische Karriere, während seine geschiedene Frau sich karitativ engagiert und erst mit fast 100 Jahren 1952 stirbt.

Ehe-Thematik als Brücke

Brüchigkeit der Institution Ehe

Fontane wählt den seinerzeit weit bekannt gewordenen „Fall Ardenne" als Romanstoff, weil er erkennt, dass sich an der Institution der Ehe und ihrer Brüchigkeit am besten die Brüchigkeit der preußischen Gesellschaft, vor allem des führenden Adels, im Kaiserreich der späten Bismarckzeit (1877–1889) aufzeigen lässt. Die Standesehe war eine Institution, in der es weniger um persönliches Glück (und schon gar nicht um sexuelle Erfüllung), als vielmehr um öffentliche Repräsentation ging.

Innstettens Konzept und Scheitern

Innstetten folgt dem Prinzip der Standesehe

Diesem Ehekonzept folgt Innstetten. Er hätte seinerzeit zwar gerne die von ihm geliebte Luise von Belling geheiratet, war aber noch kein Mann „von Stand und Rang". So muss er akzeptieren, dass Luise den wesentlich älteren Briest heiratet, der Besitz und eine feste, anerkannte gesellschaftliche Position hat. Warum Innstetten nun die Tochter heiraten will, lässt der Erzähler offen. Vielleicht wollte Innstetten mit Effi doch noch ein „Stück Luise" bekommen. Außerdem konnte eine Eheschließung seiner Karriere nur förderlich sein. Innstetten geht konsequent die Schritte in Richtung Standesehe: Verlobung, Hochzeit, Hochzeitsreise als Bildungsreise, Einführung Effis als Vorstand in das landrätliche Haus in Kessin, Anstandsbesuche beim Landadel. Dass er um seiner Karriere willen oft bei Bismarck weilt und Effi vernachlässigt, ja sie sogar – mit dem Chinesenspuk – zur Anpassung erziehen will und unterdrückt, wird ihm angesichts seines Verständnisses von Standesehe wohl nicht bewusst. Als sich Effi mehr und mehr von Innstetten entfremdet und mit Crampas Kontakt pflegt, ist er zwar eifersüchtig, bemerkt aber Effis „Schritt vom Wege" letztlich nicht. Wichtiger ist ihm der Karrieresprung zum Ministerialrat, und in Berlin kann er mit seiner Frau nun ein gesellschaftlich repräsentatives Leben führen. Als er nach vielen Jahren die Liebesbriefe findet, ist ihm klar, was mit der Standesehe zu geschehen hat: Scheidung, Sorgerecht für den Vater, Duell. Die Selbstverständlichkeit dieser Konsequenzen wird auch in dem „Trennungsbrief" bestätigt, den Luise von Briest mit Billigung ihres Mannes an Effi schreibt (Kap. 31).

Erkennt die Brüchigkeit des Konzepts und scheitert

Die Brüchigkeit dieser Ehe-Normen macht Fontane in Bezug auf Innstetten an **drei Situationen** deutlich. Im **ersten Gespräch mit Wüllersdorf** sieht sich Innstetten in den Konflikt zwischen persönlichem Glücksanspruch (nämlich mit Effi weiter zu leben) und öffentlicher Norm (Duell und Scheidung) gestellt. Er entscheidet sich als preußischer Karrierebeamter für das „uns tyrannisierende Gesellschafts-Etwas" (Kap. 27, Seite 235) und für Unterordnung und Fremdbestimmung (Wüllersdorf: „Die Dinge verlaufen nicht, wie wir wollen, sondern wie die andern wollen. (…) Unser Ehrenkultus ist ein Götzendienst, aber wir müssen uns ihm unterwerfen, solange der Götze gilt." (Kap. 27, Seite 237). Die Tragik in der Figur Innstettens liegt darin, dass er – im **Selbstgespräch** auf der Rückfahrt vom Duell – seine Abhängigkeit vom gesellschaftlichen „Muss" als „Komödie" durchschaut („Und diese Komödie muss ich nun fortsetzen, und muss Effi wegschicken und sie ruinieren und mich mit…"; (Kap. 29, Seite 243). Trotzdem ist er nicht in der Lage, den gesellschaftlichen Normen zu trotzen und das Leben mit Effi fortzuführen. So gibt er im **zweiten Gespräch mit Wüllersdorf** dann eine Bankrotterklärung für sein Leben ab („Mein Leben ist verpfuscht.").

Effis Erfahrungen und ihr Scheitern

Effi stellt Standesehe nicht infrage

Effi geht die Ehe mit Innstetten in kindlicher Unbekümmertheit ein, dem Wunsch der Eltern und den gesellschaftlichen Konventionen und Normen folgend. Sie hofft möglicherweise darauf, in dieser Standesehe persönliche Erfüllung und Glück mit einem so reifen Manne wie Innstetten zu finden. Als sie darin enttäuscht wird, lässt sie sich auf Crampas ein, wohl wissend, dass sie „Schuld" auf sich lädt; doch folgt sie ihrem Naturell und der Situation. Die Tragik besteht darin, dass Effi in ihrem Bedürfnis nach Vertrauen, Liebe und Glück keine Erfüllung mit Crampas findet, den sie nicht eigentlich liebt. So versucht sie sich voller Schuldgefühle mit Innstetten zu arrangieren und den Wechsel nach Berlin als Chance für ein neues, glückliches Gesellschaftsleben zu nutzen. Als sie nach

Interpretation

Bekanntwerden ihres Ehebruchs den **Trennungsbrief** von ihrer Mutter bekommt, ist ihr völlig klar, welche **Konsequenzen** die Gesellschaft erzwingt: „Wovor bange ich noch? Was kann noch geschehen, das ich mir nicht schon selber sage? Der, um den all dies kam, ist tot, eine Rückkehr in mein Haus gibt es nicht, in ein paar Wochen wird die Scheidung ausgesprochen sein, und das Kind wird man dem Vater lassen. Natürlich. Ich bin schuldig, und eine Schuldige kann ihr Kind nicht erziehen." (Kap. 31, Seite 254)

Bedürfnis nach Liebe wird nicht erfüllt

Effi fügt sich in ihr Schicksal und lehnt sich nur einmal noch in einem expressiven **Monolog** dagegen auf: „Oh, du Gott im Himmel, vergib mir, was ich getan; ich war ein Kind … Aber nein, nein, ich war kein Kind, ich war alt genug, um zu wissen, was ich tat. Ich hab' es auch gewusst, und ich will meine Schuld nicht kleiner machen … aber das ist zuviel." (Kap. 33, Seite 274) Hier zieht Effi sozusagen mit dem Innstetten des Selbstgesprächs und dessen Urteil über die Gesellschaft gleich. Innstetten bleibt ein resignierter Gefangener der Gesellschaft, Effi stirbt und opfert sich gleichsam, zumal sie Innstetten in seinem Tun nachträglich Recht gibt.

Akzeptiert die gesellschaftlichen Moralvorstellungen

Briest als Wegweiser

Fontane führt dem Leser vor Augen, wie zwei Menschen an einer Gesellschaft zerbrechen, deren oberste Normen und Werte Ehre, Pflichterfüllung Karriere, Unterordnung und Gehorsam sind. Ausgerechnet in der Figur Briests mit seinen „beständigen Zweideutigkeiten" (Luise) deutet Fontane dem Leser an, worin er tragfähige Werte einer menschlichen Gesellschaft sieht: Liebe und Vertrauen. („‚Natürlich, eins geht vor, aber was ist das eine?' ‚Liebe der Eltern zu ihren Kindern …'"; Kap. 34, Seite 277). Insgesamt erweist sich Fontane mit seinem Gesellschaftsroman als feinfühliger, hellsichtiger Zeitdiagnostiker und Gesellschaftskritiker, der Perspektiven für eine neue, humanere (liberal-bürgerliche) Gesellschaft aufzeigt.

Fontane deutet Lösung aus der Misere an

> **Auf einen Blick**
>
> ▶ Als Vorlage für seinen Roman wählte Fontane den „Fall Ardenne", weil er mit der Brüchigkeit der Ehe die Brüchigkeit der Gesellschaft am besten darstellen zu können glaubte.
> ▶ Der Roman zeigt Innstettens Konzept einer „Standesehe" und dessen Scheitern und stellt Effi als Opfer dieser Ehevorstellung dar.
> ▶ In der Figur Briests mit dessen Plädoyer für „Liebe und Vertrauen" deutet Fontane eine Lösung an.

9 Der Roman in seiner Epoche

Fontanes Roman „Effi Briest" wird traditionell der literarischen Epoche, genauer dem literarischen Konzept des „Poetischen Realismus" (ca. 1850–1895) zugeordnet. Dieses Konzept verlangt eine „realistische" und zugleich eine „poetische" literarische Gestaltung. Die Literatur soll keine idealistischen Entwürfe liefern, sondern sich der **„Wirklichkeit"**, also den konkreten gesellschaftlichen Verhältnissen, in der Fülle ihrer Erscheinungen zuwenden. Diese Wirklichkeit soll aber nicht „naturalistisch", z.B. mit Blick auf das soziale Elend und das Hässliche, dargestellt, sondern „poetisch", d.h. **dichterisch-ästhetisch „verklärt"** werden. Der Dichter soll hinter der bloßen Wirklichkeit die **„Wahrheit"** des Seins zur Erscheinung bringen, er soll die Realität mit der Wahrheit versöhnen. Das kann, so glaubt man, nur im Kunstwerk gelingen. Die poetisch-literarischen Mittel dazu können sowohl inhaltlicher Art sein, z.B. „Versöhnung" einer Figur mit der enttäuschenden Wirklichkeit, als auch in der Art der Gestaltung zum Ausdruck kommen, z.B. durch eine „andeutende" Darstellungsweise. Dieser kann sich ein Autor bedienen, wenn er z.B. mit Motiven und Symbolen einen vieldeutigen Verweisungszusammenhang herstellt.

Zugleich realistische und poetische Gestaltung der Wirklichkeit

Der **Roman** gilt neben der Novelle als diejenige literarische Gattung, die den Forderungen nach einem „Poetischen Realismus" am besten zu entsprechen in der Lage ist, denn er kann ein reiches Spektrum gesellschaftlicher Verhältnisse und Bezüge entwerfen und ein engmaschiges Netz der Motivverknüpfung mit Verweisfunktion knüpfen. Er kann und soll die Darstellung äußerer Handlung

Theodor Fontane: *Effi Briest*

zurückdrängen gegenüber der Entfaltung vielfältiger Situationen, in denen die Romanfiguren in Gesprächen zu Wort kommen und dabei indirekt charakterisiert werden. Deshalb zeigt der Roman des „Poetischen Realismus" – als Zeit- und Gesellschaftsroman – die Tendenz zur szenischen Darstellung mit einem personalen Erzählverhalten.

Zu diesem Konzept hatte sich Fontane bereits 1853 in seinem programmatischen Aufsatz **„Unsere lyrische und epische Poesie seit 1848"** (darin der bekannte Textauszug **„Was verstehen wir unter Realismus?"**) geäußert. Dort fordert er – in Abgrenzung von einer Tendenzkunst vor allem des „Jungen Deutschland" und des „Vormärz" (in der Literatur z.B. Heinrich Heine: „Die schlesischen Weber", Gedicht von 1844; in der Malerei besonders Carl Wilhelm Hübner: „Die schlesischen Weber", Gemälde von 1844) mit deren „nacktem Wiedergeben alltäglichen Lebens" – einen künstlerischen Realismus, der zwar die Wirklichkeit in ihrer ganzen Fülle und Breite als „Stoff" nutzt, sie aber durch **„Läuterung"** so gestaltet, dass **„das Wahre"**, eine Art transzendenter, idealer Wirklichkeit, zur Erscheinung kommt.

Fontane folgt mit seinen Altersromanen und besonders „Effi Briest" in vielen Punkten diesem Konzept. So kann man „Effi Briest" als „realistischen" und „poetischen" Roman lesen.

Realistische Elementes des Romans

„Realistisch":

Mit dem **Thema** und der **Handlung** greift Fontane einen authentischen zeitgenössischen Fall (Ardenne) auf, den er allerdings im Sinne seiner kritischen Absichten abwandelt.

Der Roman spielt im späten Kaiserreich Wilhelms des I. gegen Ende der sog. **Bismarck-Ära** (1870 – 1889). Bismarck taucht als Figur zwar an keiner Stelle des Romans direkt auf, ist aber als „Instanz" immer gegenwärtig und Bezugspunkt des Geschehens und der Gespräche der Romanfiguren.

Der Roman spielt in einem **adeligen Milieu,** das dem Leser in repräsentativen Vertretern mit ihren sowohl standestypischen als auch individuellen Eigenarten weitgehend vertraut war.

Der **Raum** als strukturbildendes Moment ist gekennzeichnet durch Orte und Schauplätze, die der zeitgenössischen Leserschaft weitgehend bekannt waren: vor allem Berlin, aber auch Kessin, hinter dem sich Swinemünde verbirgt, und Hohen-Cremmen als ein typischer Landsitz der Mark Brandenburg.

Die erzählte **Zeit** wird durch direkte, indirekte und relative Zeitangaben so vergegenwärtigt, dass der Leser die Zeitverhältnisse relativ genau erfassen und einordnen kann.

Die **Darbietungsweise** des Romans ist durch einen hohen Anteil an „szenischer Darstellung" mit Gesprächen, mit „Konversation" der Romanfiguren geprägt, wobei die Figurenrede gegenüber dem Erzählerbericht ein besonderes Gewicht bekommt.

Poetische Elemente des Romans

„Poetisch":

Fontanes Tendenz zur „Poetisierung" und „Verklärung" kommt vor allem in der Gestaltung des **Romanschlusses** zum Ausdruck. Effi leidet **„verklärt"** und stirbt **„versöhnt"** mit Innstetten („… er hat auch darin recht gehabt", Kap. 36, Seite 294) und ihrem Schicksal und wird zum Opfer. Auch die **Schuldfrage,** die zuletzt zwischen den Eltern aufgeworfen wird, bleibt offen und wird durch Briests berühmte Formel weniger geklärt als „poetisiert".

Eine „Poetisierung" liegt insgesamt in Fontanes **Konzeption der Effi-Figur** als eines **Luft- und Wasserwesens** vor, bei dem alle Versuche einer gesellschaftlichen Integration und Anpassung, vor allem aber eine Ehe mit einem Mann „von Prinzipien", von vornherein zum Scheitern verurteilt zu sein scheinen.

Diese Figurenkonzeption kommt besonders in den Effi zugeordneten Motiven und Symbolen zum Tragen, wie denn überhaupt die für den Roman charakteristische sorgfältige **Motiv-Verweisungstechnik** eine poetisch-ästhetische Funktion hat.

Roman Werk des Spätrealismus

Doch hat die neuere Fontane-Forschung gezeigt, dass Fontane über das Konzept des „Poetischen Realismus" hinausgreift und eine Tendenz zu einem fast schon „modernen" Erzählen zeigt, so dass man seine großen späten Romane wie auch „Effi Briest" als literarische Zeugnisse eines **„Spätrealismus"** an der **„Schwelle zur Moderne"** (Müller-Seidel) interpretieren kann. Anhaltspunkte für eine solche Deutung sind z.B.:

Nuancenkunst: Eine bisweilen fast „impressionistische" Art der Darstellung der äußeren Räume, vor allem aber der seelischen Innenräume der Figuren, besonders Effis selbst; Effis Angstträume z.B. deuten auf eine seelische Konstellation, für die sich wenige Jahre später der Psychoanalytiker **Sigmund Freud**, eine der „Portalfiguren der Moderne" („Die Traumdeutung", 1900) interessiert.

Symbolisches Erzählen: Die Verdichtung und Vertiefung der Darstellung durch ein reiches symbolisches Verweisnetz deutet bereits auf Gestaltungsmöglichkeiten des **„Symbolismus"** voraus.
Zurücktreten des Erzählers: Die Reduktion der erzählerischen Allwissenheit, besonders in den den Roman prägenden Gesprächen, zeigt eine Tendenz zum **„modernen" Erzählen.**
Skepsis: Die skeptisch-kritische Haltung des Erzählers bzw. Fontanes gegenüber den Möglichkeiten, in der bestehenden Gesellschaft (der späten Bismarckzeit) zu Lebensglück und „Identität" zu finden, zeigt Züge einer ansatzweise **„nihilistischen"** Haltung, wie sie philosophisch vor allem durch **Schopenhauer** und später **Nietzsche,** einer anderen großen „Portalfigur der Moderne", repräsentiert wurde.

> **Auf einen Blick**
> ▶ Fontane entwickelt in seinem Aufsatz „Unsere lyrische und epische Poesie seit 1848" sein Konzept eines „Poetischen Realismus", dem der Roman weitgehend folgt, weil er sowohl „realistische" als auch „poetische" Züge aufweist.
> ▶ Darüber hinaus zeigt der Roman bereits „moderne" Gestaltungszüge, (z.B. Kunst der Nuancierung, Darstellung psychischer Innenräume, symbolisches Erzählen, Zurücktreten des Erzählers mit Tendenz zum personalen Erzählen, Verwendung von innerem Monolog), die ihn als Roman des „Spätrealismus" an der „Schwelle zur Moderne" erscheinen lassen.

10 Zum Autor

Theodor Fontane (1819–1898) ist von seinen **persönlichen Lebenserfahrungen** wie auch von seinen **politisch-gesellschaftlichen Interessen** und Parteinahmen her als **„ambivalenter", widersprüchlicher Charakter** zu verstehen – ähnlich wie viele seiner Romanfiguren. Persönlich schwankt der aus einem französischen Hugenottengeschlecht stammende Fontane lebenslang zwischen einem protestantisch geprägten **moralischen Rigorismus** (überzogene Strenge) und dem Streben nach einem **freiheitlichen, unabhängigen Künstlertum.** Politisch schwankt er zwischen Begeisterung für die **Revolution von 1848** und dem Engagement für **sozialen Fortschritt** und mehr Gerechtigkeit einerseits und der **Bewunderung für den Adel** andererseits, auch wenn er dessen Standesdünkel und provinzielle Enge ablehnt.

Ambivalenter Charakter

Diese Ambivalenz prägt Fontanes Schaffen, sie wird auch in seinem Roman **„Effi Briest"** deutlich, wo sich **gesellschaftskritische Tendenzen** (z.B. Effis Aufbegehren in ihrem großen Monolog am Ende von Kapitel 33; Innstettens Einsicht in die Notwendigkeit des „Komödie"-Spielens in seinem Selbstgespräch nach dem Duell in Kapitel 29) mit der **Tendenz zur „Verklärung" und „Versöhnung"** (besonders am Schluss des Romans) verbinden.

Ambivalenz im Roman „Effi Briest"

Auch in Fontanes **literaturtheoretischem Konzept des realistischen Erzählens** ist diese Ambivalenz prägend. So fordert er in seinem Aufsatz über **„Realismus in unserer Zeit"** von 1853, dass der **Stoff** für die künstlerische Produktion **„realistisch"** sein müsse: „… und dennoch haben wir die Erkenntnis als einen unbedingten Fortschritt zu begrüßen, dass es zunächst des Stoffes, oder sagen wir lieber des *Wirklichen*, zu allem künstlerischen Schaffen bedarf." Die **Art der Darstellung** soll nicht „naturalistisch" sein, sondern **„künstlerisch".** „Der Realismus will nicht die bloße Sinnenwelt und nichts als diese; er will am allerwenigsten das bloß Handgreifliche, aber er will das *Wahre*." In Fontanes Begriff des „Wahren" bei einem zugleich realistischen und verklärend-poetischen Erzählen kommt die Ambivalenz seiner Existenz als Schriftsteller zum Ausdruck und zugleich die Hoffnung, mit seinem Werk etwas die menschlichen Verhältnisse Transzendierendes zur Erscheinung und Anschauung bringen zu können.

Ihre persönliche Checkliste

Hier können Sie prüfen, was Sie bereits wissen und können (Kompetenzen), und was Sie noch einmal nacharbeiten müssen (Evaluation).

> **Kann ich**
> - mich begründet zur Frage der **Aktualität** des Romans „Effi Briest" äußern?
> - angeben, nach welchem Kriterium man die Romanhandlung am besten **in Phasen gliedert**, und diese Phasen knapp kennzeichnen?
> - die **Figurenkonzeption** des Erzählers in Bezug auf Effi, Innstetten und Crampas in einigen Punkten erläutern?
> - mehrere **Effi kennzeichnende Charakterzüge** nennen und erläutern?
> - einige **Charakterzüge Innstettens** angeben und erläutern, inwiefern er und Effi nicht so gut zueinander passen?
> - einige **Wesenszüge Crampas'** angeben und erläutern, warum Effi mit ihm eine Beziehung eingeht?
> - erklären, inwiefern das **Erzählverhalten** im Roman „**auktorial**" und „**personal**" ist, und das an Beispielen verdeutlichen?
> - am Romantext je ein Beispiel für die vier **Darbietungsformen** des Erzählers aufzeigen?
> - am Romantext Beispiele für die unterschiedlichen Möglichkeiten der **Figurenrede** aufzeigen?
> - Beispiele für **Rückblenden** und **Vorausdeutungen** angeben?
> - die Schauplätze Hohen-Cremmen, Kessin und Berlin als „**symbolische Räume**" erläutern?
> - mindestens fünf für den Roman wichtige **Motive bzw. Symbole** nennen und in ihrer Funktion erläutern?
> - erläutern, warum Fontane den „**Fall Ardenne" als Stoff für seinen Roman** gewählt hat?
> - erläutern, warum „Effi Briest" ein **Roman der Epoche des „Poetischen Realismus"**, genauer: des „**Spätrealismus an der Schwelle zur Moderne**" ist?

Interpretation

Spickzettel

zum Klausurtraining „Effi Briest"

Prüfungsaufgaben
- Anforderungsbereiche
- Operatoren

Analyse epischer Texte
- Erschließungsaspekte Epik
- Fachbegriffe Epik
- Arbeitsschritte Interpretationsaufsatz

Erzählform

Der Autor wählt mit dem Erzähler auch eine bestimmte Erzählform (Er-/Sie-Erzähler oder Ich-Erzähler).

Erzählverhalten

Beim **auktorialen** Erzählverhalten hat der Erzähler einen Überblick über das Geschehen und das innere der Figuren (allwissender Erzähler). Er kann sich einmischen, kommentieren usw. und damit die Sicht- und Wahrnehmungsweise des Erzählten durch den Leser lenken. Sein Standort liegt außerhalb des Geschehens.

Beim **personalen** Erzählverhalten übernimmt der Erzähler eine Figurenperspektive und erzählt aus deren Sicht. Er ist am Geschehen unmittelbar beteiligt. Sowohl der Er-/Sie-Erzähler als auch der Ich-Erzähler können jeweils auktorial oder personal erzählen.

Beim **neutralen** Erzählverhalten scheint der Erzähler ganz zu verschwinden. Das Geschehen wird dem Leser scheinbar unvermittelt vor Augen gestellt.

Erzählperspektive

Die Erzählperspektive ist die Position des Erzählers (Blickwinkel) gegenüber dem von ihm erzählten Geschehnissen (Nähe, Abstand/Distanz). Diese können aus der Innen- oder Außenperspektive erzählt werden.

Erzählhaltung

Die Erzählhaltung ist die Einstellung, mit der der Erzähler dem Leser die fiktionale Welt vermittelt (sachlich, ironisch, humorvoll, kritisch, melancholisch, …). Diese wirkt sich auf die Art der Darstellung und die Sprachverwendung aus.

Darstellungsformen

Der Erzähler verfügt über unterschiedliche Darstellungsformen, um dem Leser das Geschehen zu präsentieren. Er kann selbst erzählen, oder aber er lässt seine Figuren sprechen, z. B. in direkter oder indirekter Rede, in „Erlebter Rede" oder „Innerem Monolog".

Erzähler	Figuren (Personen)
Bericht: straffe, geraffte Darstellung der Handlung in zeitlicher Abfolge	**Direkte Rede**
Beschreibung: anschauliche Darstellung z. B. von Schauplätzen, Figuren, Gegenständen	**Indirekte Rede**
Szenische Darstellung: breite Erzählweise, meistens mit erzählter Figurenrede und Entfaltung der Situation (vgl. Szene im Drama)	**Erlebte Rede:** Wiedergabe von Gedanken und Gefühlen einer Figur in der 3. Person (ohne direkte oder indirekte Rede)
Kommentar: Eingreifen des Erzählers mit Bemerkungen, Urteilen oder Überlegungen	**Innerer Monolog:** Wiedergabe von Gedanken und Gefühlen einer Figur in der 1. Person

---

Arbeitsschritte
Interpretationsaufsatz

1. Arbeitsschritt: Verstehenshypothese formulieren
2. Arbeitsschritt: Text aspektorientiert erschließen
3. Arbeitsschritt: These(n) zur Textdeutung formulieren
4. Arbeitsschritt: Gliederung erstellen
5. Arbeitsschritt: Klausur schreiben
6. Arbeitsschritt: Klausur überarbeiten

Fachbegriffe Epik

Erzähler

Der Erzähler in epischen Texten ist nicht mit dem Autor identisch. Vielmehr „erfindet" oder „wählt" der Autor den Erzähler (die Erzählerfigur, die Erzählform), der gleichsam zwischen Autor und Lesern vermittelt und den Lesen die „erzählte Welt", die fiktive Geschichte mit ihren Figuren, dem Raum und der Zeit, der Handlung präsentiert. Die Präsenz und Aktivität der Erzählerrolle hängt eng zusammen mit der **Erzählstrategie**, d. h. der bewussten Verwendung der verschiedenen Gestaltungsmittel und Techniken des Erzählens.

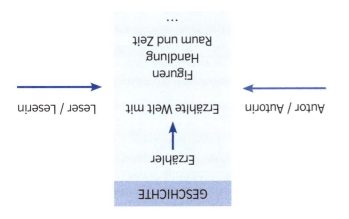

Handlung

Der Autor gestaltet in seinem erzählenden Text einen **Stoff**, der ihm als Ausgangs- und Rohmaterial dient (geschichtlicher Stoff, Kriminalfall, Liebesgeschichte, ...). Die Ereignisse „komponiert" der Autor, d. h. er verknüpft sie zu einem sinnvollen Zusammenhang mit Anfang und Ende und sich schlüssig auseinander entwickelnden Geschehnissen. Dieses durch **Komposition** gestaltete Gesamtgeschehen nennt man **Handlung**. Von den Mythen bis zu Geschichten in Filmen haben sich in der kulturellen Entwicklung bestimmte **Handlungsmuster** herausgebildet, die Autoren aufgreifen und umgestalten (Liebestragödie, Rettung der Welt von dem Bösen, abenteuerliche Reise des Helden, Figuren in Konflikten, Road Movie, ...). Sie hängen eng mit den verschiedenen **Erzählgenres** zusammen.

Man kann unterscheiden zwischen
- **Haupthandlung** und **Nebenhandlung(en)**,
- **Rahmen- und Binnenhandlung**
- **äußerer Handlung** (äußere Ereignisse) und **innerer Handlung** (Inneres der Figuren)

Die Handlung kann strukturiert sein:
- durch die zeitliche Abfolge der Ereignisse (z. B. synchron - diachron, kontinuierlich - diskontinuierlich)

Typen des Romans

Man unterscheidet die Romane teils nach Stoffen und Themen, z. B.
- Kriminalroman,
- Abenteuerroman,
- historischer Roman,
- Künstlerroman,
- Eheroman,
- Bildungsroman,

teils nach der Form,
- Briefroman,
- historischer Roman.

Anforderungen und Operatoren

1 Anforderungsbereiche

Die von Ihnen erwarteten Leistungen bei der Lösung einer Prüfungsaufgabe/einer Aufgabenstellung sind in der Regel drei Anforderungsbereichen (AFB) zugeordnet.

Anforderungsbereich I (AFB I): Reproduktion

- Den Inhalt eines eher einfachen Textes oder fachlichen Sachverhalts eigenständig wiedergeben
- Textart, Aufbau und Strukturelemente eines Textes unter Verwendung fachspezifischer Begriffe (Fachbegriffe, Fachterminologie) erkennen und bestimmen
- Fachspezifische Kenntnisse und Methoden in die Darstellung einbringen
- Teilergebnisse sinnvoll ordnen und verknüpfen
- Ergebnisse sprachlich angemessen formulieren
- Richtig zitieren

Anforderungsbereich II (AFB II): Reorganisation und Transfer

- Den Inhalt eines schwierigen Textes oder Sachverhalts eigenständig zusammenfassen
- Die Struktur eines Textes erfassen
- Die Argumentation eines Textes beschreiben

Erschließungsaspekte Epik

textimmante Aspekte: Figuren Figurenkonstellation, Handlung, Erzähler Erzählform Erzählperspektive Erzählhaltung, Darstellungsformen, Sprache Stil, Motive Symbole, Zeit Zeitgestaltung, Raum Raumgestaltung

textübergreifende Aspekte: Zeitumstände (historischer, politischer, sozialer, geistesgeschichtlicher Art), Autobiografie und Werk, Literaturgeschichtlicher Zusammenhang (literarische Epoche, Gattungsgeschichte), Gegenwartsbezug und Lebensweltbezug

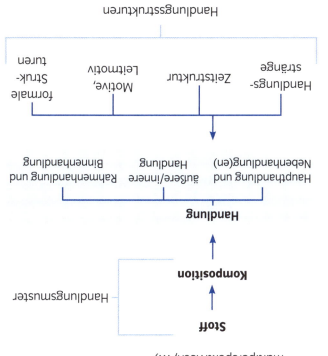

- durch die Handlungsstränge (einsträngig/linear - mehrsträngig, verflochten)
- durch ein oder mehrere Motive (wiederkehrende thematische Elemente)
- andere erkennbare formale Strukturen (Spiegelungen, Kreisform, Simultaneität, montagehaft, multiperspektivisch, ...)

Merkmale des Romans

- eine erzählende Großform von mindestens hundert bis zu mehreren hundert Seiten, also wesentlich umfangreicher als epische Kleinformen wie z. B. Kurzgeschichte, Kalendergeschichte, Parabel, Novelle usw.
- meistens „mehrsträngige" **Handlung**, also mehrere, miteinander verflochtene Erzählstränge mit verschiedenen Schauplätzen und Zeiten
- reichhaltiges und meist durch vielfältige Beziehungen (z. B. Liebe, Neid, Eifersucht, Hass, Rachedurst, Hilfsbereitschaft,...) miteinander verknüpfte **Figuren**
- **Figurenkonstellation** oft gekennzeichnet durch Grundmuster wie z. B. den „Helden" oder die „Mittelpunktsfigur", „Spieler und Gegenspieler" oder ein „Dreiecksverhältnis"
- Entfaltung eines **breiten Wirklichkeitsausschnitts**, z. B. einer bestimmten geschichtlich-gesellschaftlichen Situation, die sich in den Beziehungen der Figuren spiegelt

- Wortschatz, Satzbau und poetische Mittel eines Textes auf ihre Funktion und Wirkung hin untersuchen
- Aus dem Unterricht bekannte gestalterische Verfahren funktionsgerecht verwenden
- Aus dem Unterricht bekannte Untersuchungsmethoden auf vergleichbare neue Gegenstände anwenden
- Für eine literarische Epoche charakteristische Erscheinungen in einem Text aufzeigen

Anforderungsbereich III (AFB III) : Reflexion und Problemlösung

- Intentionen und Wirkungsmöglichkeiten eines Textes ermitteln und beurteilen
- Die in einem Text vertretene Position in umfassendere theoretische Zusammenhänge einordnen
- Aus den Ergebnissen einer Textanalyse Schlüsse ziehen
- Bei gestalterischen Aufgaben selbständige und zugleich textangemessene Lösungen erarbeiten
- Die eigene Gestaltung reflektieren, erläutern und begründen
- Fachspezifische Sachverhalte begründet werten und einen Standpunkt argumentativ vertreten
- Hypothesen aufstellen und überprüfen
- Eine eigene Konzeption für die Bearbeitung einer komplexen Aufgabe entwickeln

Spickzettel

zum Klausurtraining „Effi Briest"

Analyse epischer Texte

Figuren

Der Erzähler kann seine Figuren (Personen) auf vielfältige Weise gestalten, er kann sie z. B. **direkt** charakterisieren (beschreibend oder wertend) oder eine Figur eine andere (direkt) charakterisieren lassen; er kann sie auch **indirekt** charakterisieren, so dass sich der Leser/die Leserin aus dem Verhalten und den Äußerungen der Figur selbst ein Bild von dessen Charakter machen muss. Der Gestaltung einer Figur liegt eine bestimmte **Figurenkonzeption** zugrunde: Figuren können gestaltet sein als Typen, individuelle Charaktere, statisch oder dynamisch (Entwicklung) etc.

direktes Charakterisieren einer Figur	durch den Erzähler durch eine andere Figur durch die Figur selbst
indirektes Charakterisieren einer Figur	durch die Art der Darstellung, aus der der Leser Rückschlüsse auf Eigenschaften etc. der Figur zieht

Aspekte der Charakterisierung können sein:

das äußere Erscheinungsbild	Alter, Aussehen, Kleidung, …
das äußere Verhalten	Sprechweise, Mimik und Gestik, Gebärdensprache, Handeln, …
die innere Einstellung	Interessen, Absichten, Gedanken, Gefühle, …
die Lebensumstände	das gesellschaftliche Umfeld, Beruf, ökonomische Lage, …

---

2 Operatoren

Operatoren sind Arbeitsanweisungen, die bei der Lösung einer Aufgabenstellung zu leistenden Teilschritte (z. B. Teilaufgaben) formulieren und konkretisieren. Über die Funktion als Arbeitsanweisungen hinaus dienen Operatoren zur Beschreibung und Beurteilung von Leistungen bei der Lösung von Aufgaben.

Operator	Beispiel	Bedeutung	AFB
(be)nennen	„Benennen Sie wesentliche Merkmale der literarischen Epoche…"	zielgerichtet Informationen zusammentragen, ohne diese zu kommentieren	I
beschreiben	„Beschreiben Sie den Aufbau des Gedichts…"; „Beschreiben Sie, was der Verfasser des Textes unter … versteht."	Textaussagen oder Sachverhalte in eigenen Worten strukturiert und fachsprachlich richtig aufnehmen	I
wiedergeben	„Geben Sie den Inhalt der Kurzgeschichte/ des Sachtextes… wieder."	Inhalte, Zusammenhänge strukturiert, zusammenfassend in eigenen Worten fachsprachlich richtig formulieren	I
untersuchen, erschließen	„Analysieren/untersuchen Sie die Argumentationsstruktur des Textes…"; „Analysieren/untersuchen Sie die bildlichen Mittel im Gedicht"	an Texten, Textaussagen, Problemstellungen kriterienorientiert bzw. aspektgeleitet arbeiten	II

Epische Genres

Der Autor wählt mit dem Erzähler auch die epische Form oder die **Erzählgattung**, in der er das Geschehen präsentieren will, z. B.

- Roman,
- Novelle,
- Parabel,
- Kurzgeschichte.

Diese Formen unterscheiden sich nach Länge, Struktur, typischer Thematik und epochenspezifischer Verbreitung. So entstand z. B. der Typ des „Bildungsromans" im 18. Jahrhundert, die Novelle hatte im 19. Jahrhundert (Realismus) einen Höhepunkt, die Kurzgeschichte wurde in Deutschland erst nach dem 2. Weltkrieg verbreitet.

Figurenkonstellation

Der Erzähler plant auch die Beziehungen zwischen den Figuren sorgfältig, so dass man diese in einem Figurenkonstellationsschema abbilden kann. Es gibt **Haupt- und Nebenfiguren.** Dabei kommen Grundkonstellationen immer wieder vor:

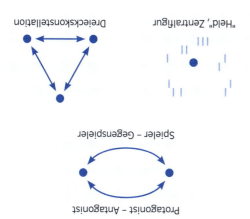

Protagonist – Antagonist

Spieler – Gegenspieler

"Held", Zentralfigur

Dreieckskonstellation

Operator	Beispiel	Bedeutung	AFB
interpretieren	"Interpretieren Sie den Romanauszug …"	nach Formulierung einer Interpretationshypothese und in Wechselbeziehung zu einer Analyse sinnhaltige Elemente literarischer oder pragmatischer Texte in ihrer funktionalen Bezogenheit aufeinander deuten und in einer Gesamtdeutung nachvollziehbar darstellen	I–III
erörtern	"Erörtern Sie, inwiefern sich das Menschenbild in Büchners 'Woyzeck' von dem Menschenbild in Goethes 'Faust' unterscheidet."	eine These oder Problemstellung, eine Argumentation durch Für- und-Wider- bzw. Sowohl-als-Auch-Argumente auf ihre Stichhaltigkeit hin abwägend prüfen und auf dieser Grundlage eine eigene Stellungnahme dazu entwickeln	I–III
gestalten	"Gestalten Sie im Anschluss an den Brief der Figur … in Kapitel … einen Antwortbrief der Tochter/des Sohnes …"	in Verbindung mit einer Textvorlage, auf der Grundlage einer konkreten Arbeitsanweisung einen Text nach ausgewiesenen Kriterien erarbeiten	I–III

Raum/Raumgestaltung

Der Erzähler kann den Schauplatz oder „Raum" der Handlung gestalten, je nachdem, welche Bedeutung und Funktion er haben soll. Man kann Grundfunktionen der Schauplatzgestaltung unterscheiden:

Schauplatz, Ort	der Schauplatz der Handlung an sich kann bedeutungskonstituierend sein (Innenraum, öffentlicher Raum, Außenwelt, …); die einfache Beschreibung des Ortes kann bereits Aufschluss über Figurenkonstellationen oder Handlungszusammenhänge geben
Ambiente	die soziale Umwelt als Ausdruck des gesellschaftlichen Lebensstils einer Figur; Widerspiegelung der gesellschaftlichen Umwelt der Figur, z. B. bei Kleidung, Wohnung, Haltung, …
Soziales Milieu	die soziale Umwelt in ihrer Funktion als kausal-determinierendes Milieu, das die Figur in ihrem Denken, Fühlen, Handeln, Sprechen prägt
Stimmungsraum	die Unterstreichung des Gemütszustandes einer Figur durch eine bestimmte Atmosphäre, z. B. Gewitterschwüle (kurz vor einer emotionalen Eruption der Figur), Sonnenschein (Heiterkeit und Gelassenheit der Figur), Regen (Traurigkeit der Figur)
Symbolischer Raum	die Verdichtung der gesamten Thematik, z. B. eines Romans, in anschaulichen, bedeutsamen Bildern (Symbolen) mit Verweisfunktion

Operator	Beispiel	Bedeutung	AFB
einordnen	„Ordnen Sie die Szene in den Handlungszusammenhang des Dramas ein." „Ordnen Sie den Text in die literarische Epoche ein."	einen Inhalt, eine Aussage, eine Problemstellung in einen vorgegebenen oder selbst gewählten Kontext einbeziehen	II
vergleichen	„Vergleichen Sie das Erzählverhalten in den beiden Texten/Textauszügen…"; „Vergleichen Sie, wie in den beiden Gedichten das Motiv der nächtlichen Natur dargestellt wird.": „Vergleichen Sie die beiden Gedichte/Texte unter von Ihnen selbst gewählten wesentlichen Aspekten."	Texte, Textaussagen, Problemstellungen unter vorgegebenen oder selbst gewählten Aspekten gegenüberstellen, in Beziehung setzen und analysieren, um Gemeinsamkeiten, Unterschiede, Teil-Identitäten, Ähnlichkeiten, Abweichungen oder Gegensätze ermitteln zu können	II
erklären	„Erklären Sie das Verhalten der Figur … in dem Drama … unter Berücksichtigung ihrer Situation und ihres sozialen Standes."	Textaussagen, Sachverhalte auf der Basis von Kenntnissen und Einsichten differenziert darstellen	II
erläutern	„Erläutern Sie die Wirkung der erzählerischen Mittel anhand von Beispielen in…"	Erklären und durch zusätzliche Informationen und Beispiele veranschaulichen	II

Zeit/Zeitgestaltung

Der Erzähler kann die Zeit unterschiedlich gestalten. Dabei ist zu unterscheiden zwischen **erzählter Zeit**, also der Zeit, über die sich das erzählte Geschehen erstreckt, und der **Erzählzeit**, also der Zeit, die man zum Erzählen oder Vortragen bzw. zum Lesen braucht.

Der Erzähler kann die erzählte Zeit raffen (**Zeitraffung**), dehnen (**Zeitdehnung**) oder Deckungsgleichheit zwischen Erzählzeit und erzählter Zeit herstellen (**Zeitdeckung**). Er kann auch zeitneutral erzählen (z. B. beim Beschreiben oder beim Erzählerkommentar), er kann in der Zeit springen (Zeitsprung), er kann zurückspringen (Rückblende) oder auf Künftiges voraussehen (Voraussdeutung).

Mit der Art der erzählerischen Zeitbehandlung korrelieren die Darstellungsformen. So wird z. B. im Erzählbericht das Geschehen gerafft, die Erzählzeit ist also kürzer als die erzählte Zeit. Bei der szenischen Darstellung entsprechen sich in der Regel Erzählzeit und erzählte Zeit, es herrscht also Zeitdeckung. Zeitdehnung kann z. B. bei langen Figurenmonologen (z. B. beim inneren Monolog) vorkommen.

Wenn man, z. B. in einem Roman, Erzählzeit und erzählte Zeit in Zusammenhang bringt, bekommt man eine „Erzählkurve", die die Zeitgestaltung anzeigt.

erzählte Zeit	Erzählzeit
Der Zeitraum, über den sich das erzählte Geschehen erstreckt, markiert durch Anfang und Ende der Geschichte	Die Zeit, die man zum Erzählen oder Vortragen bzw. zum Lesen der erzählten Geschichte braucht

Zeitgestaltung	Darbietungsform	Verhältnis von Erzählzeit und erzählter Zeit
Zeitraffendes Erzählen	Erzählerbericht	Erzählzeit < erzählte Zeit
Zeitdeckendes Erzählen	Szenische Darstellung	Erzählzeit = erzählte Zeit
	Erzählerkommentar, Erzählerreflexion	Erzählzeit - - -
Zeitdehnendes Erzählen	Innerer Monolog, Bewusstseinsstrom	Erzählzeit > erzählte Zeit

---

Operator	Beispiel	Bedeutung	AFB
begründen	„Begründen Sie Ihre eigene Auffassung aus Ihrer Erfahrung als Leser(in) …"	ein Analyseergebnis, Urteil, eine Wertung fachlich und sachlich absichern durch Argumente, Belege, Beispiele	III
sich auseinandersetzen mit	„Setzen Sie sich kritisch mit dem Problem … auseinander."	zu einer fachlichen Problemstellung oder These eine Argumentation entwickeln, die zu einem begründeten, nachvollziehbaren Urteil führt	III
prüfen/überprüfen	„Überprüfen Sie die Schlüssigkeit der Argumentation im Text…."	eine Textaussage, These, Argumentation, ein Analyseergebnis, einen Sachverhalt auf der Grundlage eigener Kenntnisse, Einsichten oder Textkenntnis auf ihre/seine Angemessenheit hin untersuchen und zu Ergebnissen kommen	III
entwerfen	„Entwerfen Sie im Anschluss an den Dialog … in der Szene … einen Monolog der Figur…."	in Verbindung mit einer Textvorlage, auf der Grundlage einer konkreten Arbeitsanweisung einen eigenen Text unter Benennung der notwendigen Entscheidungen und Arbeitsschritte planen	III
in Beziehung setzen	„Setzen Sie das Ergebnis Ihrer Untersuchung in Beziehung zu der Ihnen bekannten Position des Verfassers …"	Analyseergebnisse, Textaussagen, Problemstellungen mit vorgegebenen oder selbst gewählten Aspekten in Verbindung bringen	II
beurteilen	„Beurteilen Sie die Angemessenheit der Rezension…"	zu einem Text, einer Textaussage, der ästhetischen Qualität eines Textes, einem Sachverhalt u.ä. zu einem selbständigen, begründeten Urteil kommen	III
bewerten	„Bewerten Sie auf der Grundlage Ihrer eigenen Einstellung zu dem Problem die Auffassung des Verfasser…"	beurteilen, verbunden mit der Offenlegung begründeter eigener Wertmaßstäbe, die sich aus ausgewiesenen Normen und Werten ableiten	III
(kritisch) Stellung nehmen	„Nehmen Sie begründet Stellung …"	eine Problemstellung, Problemlösung, einen Sachverhalt, eine Wertung auf der Grundlage fachlicher Kenntnis und Einsicht nach kritischer Prüfung und sorgfältiger Abwägung formulieren	III